北大版留学生预科汉语教材·读写教程系列

高级

汉语阅读与写作教程
（第二版）

赵昀晖 编著

Advanced Chinese Reading and Writing Course
(Second Edition)

I

北京大学出版社
PEKING UNIVERSITY PRESS

图书在版编目(CIP)数据

高级汉语阅读与写作教程 I (第二版) / 赵昀晖编著. —北京：北京大学出版社，2010.2
(北大版留学生预科汉语教材·读写教程系列)
ISBN 978-7-301-16930-8

Ⅰ.高… Ⅱ.赵… Ⅲ.① 汉语-阅读教学-对外汉语教学-教材 ② 汉语-写作-对外汉语教学-教材 Ⅳ. H195.4

中国版本图书馆 CIP 数据核字(2010)第 021058 号

书　　　　名：	高级汉语阅读与写作教程 I (第二版)
著作责任者：	赵昀晖　编著
责 任 编 辑：	贾鸿杰　jiahongjie2004@126.com
标 准 书 号：	ISBN 978-7-301-16930-8/H·2423
出 版 发 行：	北京大学出版社
地　　　　址：	北京市海淀区成府路 205 号　100871
网　　　　址：	http://www.pup.cn
电　　　　话：	邮购部 62752015　发行部 62750672　编辑部 62752028　出版部 62754962
电 子 邮 箱：	zpup@pup.pku.edu.cn
印 刷 者：	北京富生印刷厂
经 销 者：	新华书店
	787 毫米×1092 毫米　16 开本　10.75 印张　206 千字
	2006 年 9 月第 1 版
	2010 年 2 月第 2 版　2019 年 10 月第 4 次印刷
定　　　价：	32.00 元

未经许可，不得以任何方式复制或抄袭本书之部分或全部内容。
版权所有，侵权必究　　举报电话：010-62752024
　　　　　　　　　　　　电子邮箱：fd@pup.pku.edu.cn

修订说明

  这套系列教材由长年从事对外汉语教学研究的教师编写,充分吸收了国内外阅读与写作教学、教材研究的新成果和长期的汉语教学实践经验,自2006年出版以来,受到外国留学生和汉语教师的普遍欢迎。

  本次《高级汉语阅读与写作教程》修订,我们应广大使用者的要求,将原来的一册拆分为上下两册,使教材难度更为均衡,涉及主题更为集中完整。拆分后每册都添加了新的课文,内容覆盖面更广。同时,对练习也进行了针对性的调整和补充。

北京大学出版社

序

　　随着对外汉语教学理论的探讨步步深入,对外汉语教学实践的内容不断丰富,人们对四项技能的认识发生了很大改变。20世纪60年代的"听说领先"为"四项技能全面要求,不可偏废"所取代,80年代,课程分技能设课,教材也分技能编写。然而听说读写四项技能训练的效果和水平在外国留学生中是不平衡的。这主要取决于学生的选择。一般说来,学生投入精力大的是听和说,对读和写较为轻视。这种情况导致入本科学习专业课程的留学生深感阅读和写作能力达不到学习专业的要求,和同班学习的中国学生有着很大差距。不仅阅读专业参考书有困难,完成作业、小论文甚至写读书报告都要请中国同学帮助。于是,在专业学习的同时,不得不继续补习汉语,尤其是阅读和写作两门课。

　　在这种情况下,北京大学对外汉语教育学院预科教研室的几位教师在总结预科教学经验的基础上,吸收国内外阅读和写作研究的新成果,精心设计,科学安排,编写出了这套初、中、高系列汉语阅读与写作教程。这套教材有如下几个特点:

1. 选材新

　　阅读材料"为学习者提供极具吸引力和典型性的语言范本",可读性强,涵盖面广,适用范围大。

2. 训练方式新

　　针对不同层次的学习者采取不同的训练方式。初级阅读技巧训练侧重在字、词、句和语段切分,写作技巧训练侧重应用文、书信和记叙文等的基本训练。中级阅读技巧训练项目有抓中心意思、猜词方法、时间顺序、重复阅读、推测作者意图等,写作技巧训练完全配合阅读技巧训练,议论文配合抓中心意思,记叙文配合时间顺序等,把阅读训练与写作指导紧密结合起来。全套教材的阅读训练设置了"合作学习"、"相关链接"、"小结"等项目,写作训练采取示范、样式模板、要点讲解等行之有效的手段。

3. 目标明确

　　这套系列教程分三个层次,每个层次的重点不同。初级本注重习惯培养,中级本注重知识积累,高级本侧重专业学术性。教学要求与HSK密切结合,学完初级第2册后可达到5级水平,学完中级第2册后可达到7级水平,学完高级第 2 册后可达到 HSK 高等水平。

参与编写这套教材的刘立新、张园和赵昀晖,都是有十年以上对外汉语教学经验的教师,他们不仅专业功底扎实,而且谙熟教学技巧,编写过对外汉语教材,积累了丰富的编写经验。这套系列教程融注了他们多年的心血,我确信这是一套实用的、独具特色的好教材。

郭振华
2006 年 8 月

前 言

这套阅读与写作系列教程是2005年至2006年北京大学主干基础课立项教材,分为初级、中级、高级三个系列,每个系列分Ⅰ、Ⅱ两册。

高级本的使用对象是完成初、中级阅读,进入专业阅读,汉语水平相当于HSK6-7级的留学生。本书注重阅读与写作的有机结合,培养学习者的基础阅读技能和写作技能,阅读部分和写作部分的安排和设计,均以国内外汉语教学界先进理论成果为指导,尽量组成一个严密完整的汉语阅读写作训练体系。学完本阶段教材应达到高级阅读与写作水平。

内容与体例:

本书共Ⅰ、Ⅱ两册,Ⅰ册阅读偏重于一般性阅读,Ⅱ册偏重于专业性阅读。每册包含8课和两个复习课,每课包含两篇阅读和一篇写作,因而可以延伸为16课阅读和8篇写作内容。主课文既是阅读材料,同时也可以作为写作的范例或者参考材料。复习课可以用于复习、测试或补充学习。

各课结构为:学习目的(包括内容提示、阅读技巧、写作要求)——热身问题——阅读材料(包括阅读提示)——个人理解——阅读练习——重点词语——词语练习——合作学习——写作练习(包括写作模板和要求)——相关链接。

关于阅读:

材料来源:均选自具有代表性和权威性的报刊、杂志或网站,具有趣味性、广泛性、新鲜感和时代感,尽量为学习者提供具有吸引力和典型性的语言范本。

阅读量:Ⅰ册1500~2000字/篇,Ⅱ册2000字左右/篇。

对阅读速度的要求:Ⅰ册150字/分钟,Ⅱ册180~200字/分钟。

关于写作:

由于阅读材料可以作为写作的样本,写作练习也设置了部分写作模版,因而学生可以通过模仿作训练,完成专业论文的写作,主要是各种题材的议论文的写作,字数要求在800~1000字之间。

关于练习：

练习从个人理解、阅读理解、词语练习、写作练习几个方面，将课文中所涵盖的词语、可供挖掘的读写技巧，进行多角度、有针对性的训练。

阅读和写作技能全部融入练习之中。一般来说，写作练习是以阅读材料中出现的写作技巧为范本，通过片段写作练习和完整写作练习，反复对该技巧进行训练。学生可以利用阅读材料中的词语或者写作模式进行模仿写作，进而可以创造性地发挥。两册多侧重于专业论文写作。重点词语和词语练习的设计，目的在于对实用性强的词语进行有效的训练，增加学生的词汇量，培养其良好的阅读习惯，提高基本的写作能力。练习形式结合了HSK阅读理解试题的形式，对于学生参加HSK考试有一定的帮助。本书附有部分练习答案，可供自学者参考。

每一课最后有"相关链接"，有的是与本课主题内容相关的补充材料，有的是与阅读技巧或者写作技巧有关的常识，有的是提供一个进一步学习的途径，目的是培养学生学习的主动性和良好的学习习惯，使阅读与写作成为一个开放性的学习过程。

需要特别强调的是，本书设计采用自上而下—自下而上的方式，从泛读到精读，从全文到词汇，不鼓励学生使用字典，因而阅读练习在先，词表与词语练习在后。这也是全书的特色，请教师使用时加以注意。

本书在教学中经过一个学期的试用，多次修改成型，但是一定仍有值得探讨之处，敬请同行们批评指导。

最后，我们要感谢北京大学对外汉语教育学院的同事、北京大学出版社编辑对本书的出版付出的努力，也要感谢本书所选阅读材料的作者们对我们的默默支持。由于客观条件的限制，很多作者没能联系上，在此表示深深的歉意，请有关作者看到此书后与编者及时取得联系。联系方式：zhaoyunhui@pku.edu.cn。

编者
2006年8月

目 录

修订说明 1
序 1
前 言 1

第一课 1
    阅读一   作为一种生活方式的"读书" 1
    阅读二   书房的生命 9

第二课 17
    阅读一   金庸热：一种奇异的阅读现象 17
    阅读二   重读《狼图腾》的若干思索 25

第三课 35
    阅读一   《甜蜜蜜》：系在城市辫梢上的梦 35
    阅读二   《阳光灿烂的日子》：一代人破碎的梦 43

第四课 52
    阅读一   奥林匹克精神 52
    阅读二   谁是体育大国 59

综合练习（一） 66

第五课 74
    阅读一   文化的概念及分类 74
    阅读二   略论中国人的思维方式 81

第六课 91
    阅读一   西方历史的政治解读（一） 91
    阅读二   西方历史的政治解读（二） 99

第七课 ··· 107
  阅读一 凯文·卡特之死与新闻记者的道德底线 ·············· 107
  阅读二 想起了美国的一起新闻官司 ························· 115

第八课 ··· 125
  阅读一 安理会改革势头放缓,"四国联盟"变成"三驾马车" ······ 125
  阅读二 鲍威尔抵以重启中东和谈,外交斡旋升温 ············· 132

综合练习(二) ··· 140
部分练习参考答案 ··· 147
词语总表 ··· 155

第 一 课

学习目的

1. 内容提示：书、读书、书房与生活
2. 写作要求：借议论抒发感情

思考题

1. 读书在你的生活中占有什么样的地位？
2. 你认为有"好书"、"坏书"的区别吗？你认为最应该读哪类书？

阅读 一

作为一种生活方式的"读书"

 提示：根据上下文猜测生词意思
 时间：10分钟

什么叫"读书"？"读书"是动词还是名词，是广义还是狭义？是"万般皆下品，唯有读书高"的"读书"，还是"学得好不如长得好，长得好不如嫁得好"的"读书"？看来，谈论"读书"，还真得先下个定义。

"读书"是人生中的某一阶段。朋友见面打招呼:"你还在读书?"那意思是说,你还在学校里经受那没完没了的听课、复习、考试等煎熬吗?可如果终身教育的思路流行,那就可以坦然回答:活到老学到老,这么大年纪"背着那书包上学堂",一点儿也不奇怪。

"读书"是社会上的某一职业。什么叫以读书为职业?就是不擅长使枪弄棒,也不是"商人重利轻别离,前月浮梁买茶去"。过去称读书郎、书生,现在则是教授、作家、研究员,还有许多以写作、思考、表达为生的。

"读书"是生活中的某一时刻。"都什么时候了,还手不释卷?"春节放假,你还沉湎书海,不出外游览,也不到歌厅舞厅玩乐。

"读书"是精神上的某一状态。在漫长的中外历史上,有许多文化人固执地认为,读不读书,不仅关涉举动,还影响精神。商务印书馆出版的加拿大学者曼古埃尔所撰的《阅读史》(2002),开篇引的是法国作家福楼拜1857年的一句话:"阅读是为了活着。"这么说,不曾阅读或已经告别阅读的人,不就成了行尸走肉?这也太可怕了。还是中国人温和些,你不读书,最多也只是讥笑你俗气、懒惰、不上进。宋人黄庭坚《与子飞子均子予书》称:"人胸中久不用古今浇灌之,则俗尘生其间,照镜觉面目可憎,对人亦语言无味也。"问题是,很多人自我感觉很好,照镜从不觉得面目可憎,这可就麻烦大了。

谈到读书,不能不提及阅读时的姿态。你的书,是搁在厕所里还是堆在书桌上,是放在膝盖还是拿在手中,是正襟危坐还是随便翻翻,阅读的姿态不同,效果也不一样。为什么?这涉及阅读时的心态,再往深里说,还关涉阅读的志趣与方法。举个大家都熟悉的人物,看鲁迅是怎样读书的。

鲁迅在《且介亭杂文·随便翻翻》中说,自己有个"随便翻翻"的阅读习惯:"书在手头,不管它是什么,总要拿来翻一下,或者看一遍序目,或者读几页内

容。"不用心,不费力,拿这玩意来作消遣,明知道和自己意见相反的书要翻,已经过时的书也要翻,翻来翻去,眼界自然开阔,不太容易受骗。

不过,该"随便翻翻"时,你尽可洒脱;可到了需要"扎死寨,打硬仗"的时候,你可千万马虎不得。所有谈论大学校园或读书生活的,都拣好玩的说,弄得不知底细的以为读书很轻松,一点都不费力气。你要这么想,就大错特错了。挂在口头的轻松与压在纸背的沉重,二者合而观之,才是真正的读书生活。

在我看来,阅读这一行为本身就具有某种特殊的韵味,值得再三玩赏。在这个意义上,阅读既是手段,也是目的。只是这种兼具手段与目的的阅读,并非随时随地都能获得。在《大英博物馆日记》的后记中,我引了刘义庆《世说新语》"任诞篇"里的王子猷夜访戴安道的故事。真希望"读书"也能到达这个境界:"吾本乘兴而行,兴尽而返",何必考试?何必拿学位?何必非有著述不可?当然,如此无牵无挂、自由自在的"读书",是一种理想境界,现实生活中很难实现。但虽不能至,心向往之。

说到读书的策略,我的意见很简单:第一,读读怡情养性的诗歌、小说、散文、戏剧等;第二,关注跟今人的生活血肉相连的现当代文学;第三,所有的阅读,都必须有自己的生活体验做底色,这样才不至于读死书,死读书。

古今中外,"劝学文"汗牛充栋,你我都看了,效果如何?那么多人真心诚意地"取经",但真管用的很少。这里推荐章太炎的思路,作为演讲的结语。章先生再三强调,平生学问,得之于师长的,远不及得之于社会阅历以及人生忧患的多。《太炎先生自定年谱》"1910年"条有言:"余学虽有师友讲习,然得于忧患者多。"而在1912年的《章太炎先生答问》中,又有这么两段:"学问只在自修,事事要先生讲,讲不了许多。""曲园先生,吾师也,然非作八股,读书有不明白处,则问之。"合起来就三句话:学问以自修为主,不明白处则问之,将人生忧患与书本知识相勾连。借花献佛,这就是我所理解的"读书的诀窍"。

(选自陈平原《作为一种生活方式的"读书"》,光明网2006年1月6日)

个人理解

1. 读完这篇文章,你认为作者是想阐述哪些观点?
2. 你对文章中哪些观点、句子印象最深?
3. 你对作者有哪些了解?你对作者有哪些想象?

阅读理解

一 请将上文划分为若干个完整的小段落,并且给每个段落加上标题:

段落1:从_____到_____　　题目:读书的_____
段落2:从_____到_____　　题目:读书的_____
段落3:从_____到_____　　题目:读书的_____
段落4:从_____到_____　　题目:读书的_____

二 请反复阅读文章第7和第8自然段,回答问题:

1. "随便翻翻"式的阅读是指_____的阅读。
2. "扎死寨,打硬仗"式的阅读是指_____的阅读。
3. 作者对这两种阅读方式的态度是_____。

三 请根据文章内容判断对错:

☐ 1. 作者认为,人如果能终身受教育,那再好不过了。
☐ 2. 作者的意思是,过去的读书郎、书生,现在的教授、作家等都是一些职业读书人。
☐ 3. 西方人认为,不读书人就会变得俗气,中国人认为不读书,就如同没有生命一样。
☐ 4. 作者认为,读书的姿态与阅读的效果毫无关系,因此他最赞成"随便翻翻"的态度。
☐ 5. 作者认为,那些谈论读书生活的文章经常误导读者。
☐ 6. 作者认为,通过读书拿到学位、有所著述是阅读的最高境界。
☐ 7. 作者大力推荐跟文学有关的书籍。

☐ 8. 作者认为,读书有三个诀窍。

四　请选择正确答案:

1. 万般皆下品,唯有读书高。这句话的意思是:
   a. 所有人的地位都很低,只有读书人地位高
   b. 所有人的道德都很低,只有读书人的道德高
   c. 所有人的生活水平都很低,只有读书人的生活水平高
   d. 所有人的品位都很低,只有读书人的品位高

2. 学得好不如长得好,长得好不如嫁得好。这句话的意思是:
   a. 学习成绩好的人比漂亮的人有用,漂亮的人又比结婚的人有用
   b. 长得漂亮比学习成绩好有用,也比嫁个好丈夫有用
   c. 长相漂亮比学习成绩好有用,但是嫁个好丈夫最有用
   d. 学习成绩好虽然没有长得漂亮有用,但是比结婚有用

3. 什么叫以读书为职业?就是不擅长使枪弄棒。这句话的意思是:
   a. 读书人不愿意伤害别人
   b. 读书人不喜欢暴力
   c. 读书人不能耍阴谋诡计
   d. 读书人在体力劳动方面做得不好

4. 挂在口头的轻松与压在纸背的沉重……。这句话的意思是:
   a. 大声朗读似的读书比写笔记似的读书轻松
   b. 嘴上说读书,可实际做起来很难
   c. 嘴上说读书轻松,可实际读起来很辛苦
   d. 读口语书比读写作书辛苦

5. "读死书"和"死读书"。这两个词语的意思是:
   a. 不能灵活地运用书中的知识和只读书不考虑其他事情
   b. 只读一本书和读书以后变得傻了
   c. 只读专业书籍和读书以后不能灵活运用
   d. 读书读得很辛苦和读书读得伤害了健康

重点词语

煎熬	（动）	jiān'áo	to suffer
手不释卷		shǒu bù shì juàn	always have a book in one's hand; to be a diligent reader
沉湎	（动）	chénmiǎn	to indulge in
行尸走肉		xíng shī zǒu ròu	an utterly worthless person
讥笑	（动）	jīxiào	to mock
俗气	（形）	súqi	vulgar
懒惰	（形）	lǎnduò	lazy
上进	（动）	shàngjìn	to go forward; to make progress
面目可憎		miànmù kě zēng	have a repulsive face
正襟危坐		zhèng jīn wēi zuò	straighten one's clothes and sit bolt upright
志趣	（名）	zhìqù	aspiration and interest
消遣	（名）	xiāoqiǎn	pastime
底细	（名）	dǐxì	exact details
韵味	（名）	yùnwèi	lingering charm
玩赏	（动）	wánshǎng	to take pleasure in
乘兴而行		chéng xìng ér xíng	to go while in high spirit
兴尽而返		xìng jìn ér fǎn	to return while meet one's content
无牵无挂		wú qiān wú guà	have no cares
著述	（名）	zhùshù	book or article
向往	（动）	xiàngwǎng	to yearn for
底色	（名）	dǐsè	colour base
汗牛充栋		hàn niú chōng dòng	an immense number of books
忧患	（名）	yōuhuàn	suffering; misery
借花献佛		jiè huā xiàn fó	make a gift of sth. given by another
诀窍	（名）	juéqiào	knack

词语练习

一 请选择合适的词语填空：

煎熬 沉湎 消遣 底细 向往

1. 这部电影充分表现了人们对幸福生活的（　　　）和憧憬。
2. 她的爱人已经去世很长时间了,可她依旧（　　　）于对往事的回忆中。
3. 工作对我来说,只是个（　　　）,我可以很洒脱地对待它。
4. 对不知（　　　）的人,不能轻易相信。
5. 多年来,他一直经受着强烈的负疚感的（　　　）,不能解脱。

二 请用合适的成语替代句中的画线部分：

汗牛充栋 正襟危坐 无牵无挂 面目可憎
手不释卷 行尸走肉 借花献佛

1. 他对书已经到了痴迷的程度,任何时候都<u>不肯放下书</u>。
2. 古今中外,励志的书<u>多得数不胜数</u>。
3. 我一个人,<u>没有任何可以担心挂念的</u>,孤独但也自由。
4. 不喜欢一个人,<u>只要一看他的脸就觉得他讨厌之极</u>。
5. 一个人没有了精神,没有了思想,就好像是<u>一具行走的尸体一样</u>。
6. 一走进房间,我吓了一跳,因为发现所有的人都<u>整理好衣襟端端正正地坐在那里</u>。
7. 我这个建议也是<u>借用别人的精彩意见献给大家的</u>。

三 词语扩展：

1. 请解释"乘兴而行(去)"、"兴尽而返(归)"的意思。

2. 汉语中,有很多单音节词可以与"兴"组合在一起,表示某方面的兴致,请写出至少5个这样的词语。
　　(1)（　　　）兴　(2)（　　　）兴　(3)（　　　）兴
　　(4)（　　　）兴　(5)（　　　）兴

四 请说出画线部分词语的本义和引申义：

1. 所有的阅读,都必须有自己的生活体验做<u>底色</u>。
　　本义：_____
　　引申义：_____

2. 那么多人真心真意地"取经"。

　　本义：_____

　　引申义：_____

五 请参照例句用画线部分的结构造句：

1. <u>还是</u>中国人温和<u>些</u>，你不读书，<u>最多</u>也只是讥笑你俗气、懒惰、不上进。

　　你的句子：_____。

2. 这涉及阅读时的心态，<u>再往深里说</u>，还关涉阅读的志趣与方法。

　　你的句子：_____。

3. 所有谈论大学校园或读书生活的，<u>都拣好玩的说</u>，<u>弄得</u>不知底细的人以为读书很轻松。

　　你的句子：_____。

4. 只是这种<u>兼具</u>手段与目的的阅读，并非随时随地都能获得。

　　你的句子：_____。

5. 得之于师长<u>的</u>，<u>远不及</u>得之于社会阅历以及人生忧患<u>的</u>多。

　　你的句子：_____。

合作学习

一 请参照课文第2—5自然段，再写出几种你们认为的"读书"的定义：

定 义	理 由
读书是	
读书是	
读书是	
读书是	

二 你认为什么是最有效的阅读方法？

思考题

1. 你觉得人应该有一间专门的书房吗？书房的作用是什么？
2. 你有多少藏书？喜欢哪一类书？将来打算怎么处理这些书？

阅读 二

书房的生命

 提示：注意比喻的应用

时间：10分钟

　　只有对于爱书的人来说，书房才可能是有生命的。

　　如果只是在书房中读书、写作，并不足以赋予一间书房以生命。如果书仅仅是你的工具，你在书房中只是去利用它们，也许可以很顺手，很高效，甚至可以很愉快，但那只是将书房当做工具箱或是操作台。就好像那种没有爱情的婚姻，也可以相互尽义务，相互配合，甚至可以很默契，但那是没有生命的婚姻。

　　书房的生命是靠主人赋予的。只有当你真正和书相爱了，你的书房才可能有生命。

　　怎样才叫和书相爱呢？我想举两个例子，都是关于对待书的态度的。

　　第一个是看你对别人的书持什么态度。一个人爱护自己的书并不难，难的是爱护世间一切好书，不管那些书的主人是不是自己。有那么一些爱书人，当他们从友人或图书馆借来书时，如果发现书有破损，就会主动将书补好；如果在书店看见有书没有摆整齐，就会顺手将书摆好；如果看见别人在污损图书，或者只是有污损图书的可能，就会去友好地劝阻或提醒。对他们来说，看见好书受到污损或不适当的对待,就好像看见美人受辱,忍不住就要怜香惜玉,护花情切。

第二个例子是友人告诉我的,是生活中的真实故事。有一个爱慕虚荣的女子,在二十年前大学生很吃香的年头,如愿嫁了一个文科的大学生,并且还颇以自己的书生夫婿为荣。但随着时间的流逝,眼看别人的夫婿纷纷成了大款或是大官,而自己的夫婿依旧只是一介书生,渐渐就心生怨恨,经常数落夫婿没用,说那些破书有什么用?后来就扬言要烧掉那些书。夫婿闻之,严厉警告她说:"你若烧我的书,就等于是杀害我的生命!"结果有一天,这女子真的烧了夫婿的书,于是夫婿义无反顾提出离婚。众亲友,包括老泰山,都来做工作,欲使他们重修旧好,但书生曰:"我对她说过,烧书就等于杀我,而她竟真的烧书,那我们之间还有什么感情可言?"这个故事的结局非常凄惨——那书生郁郁寡欢,不久后中年病逝,走完了他爱书的一生。也许有人会笑他太痴情,但就是这分痴情,终不失为凄美——当然,我想大部分爱书人都不至于爱得那么沉重。

书房生命的另一个表征是书的变化。书的变化有两方面。

一方面是藏书成分的变化。恰如人之有少年、青年、壮年及老年,书房里的藏书也在成长,并且随着主人治学领域和兴趣爱好的变迁,藏书的成分也在不断地变化。所以当一位藏书丰富的学者去世时,他留下的藏书,对于治这一路学问的后人来说,往往是极为珍贵的财富,因为这些书都是经过精心选择的,非一般的图书馆所能比——藏书集中了种种相关的资料,为后人提供了问学的捷径,甚至还能看出藏书主人当年的心路历程。

另一方面是藏书数量的变化。通常书总是越聚越多,但有些学者接近老年时开始为自己的藏书考虑后路,就像对待一位多年的朋友,想到自己今后不能再照顾他了,就要将他托付给别的能照顾他的人。

书房的生命，可以结束于主人去世之前。

那些曾经真诚地爱过书，但是后来在名利场中陷溺难以自拔的人，他们早年简陋的书房可能曾经是生机勃勃的，如今的书房则已经沦为伪文化的装饰品。功成名就之后，他们的书房已经是富丽堂皇，里面塞满了别人赠送的豪华精装本。他们当然还会时不时地将书房向访客夸耀一番，但那样的书房已经没有生命了。

书房的生命，也可以延续到主人去世之后。

在欧洲我们经常可以看到这样的景象：一位著名学者去世了，根据他的遗嘱，他的藏书被捐赠于某个学校——很可能是他长期在此工作过的某个机构。学校会为他的藏书专辟一室。这个某某藏书室也许并不是天天开放的，也许只是每周的某一天对外开放。到了这一天，会有一位老太太或老先生——通常都是义务的，来此打理，并接待访客。

这样的藏书室当然经常是寂寞的，冷落的，不可能像当红作家的签名售书那样人头攒动。但是也许有一天，从世界的某个角落远道来了一位藏书主人的仰慕者，慕名来访问这间藏书室，他或她徘徊其中，遥想藏书主人当年坐拥书城之一颦一笑，并和那位来义务工作的老太太或老先生絮絮谈论藏书主人当年种种行迹，仿佛白头宫女闲话天宝遗事……，最后访客在惆怅的心情中悄然辞去。此情此景，谁又能否认这位学者的书房的生命不在延续呢？

(选自江晓原在风入松的讲演，新华网 2001 年 12 月 9 日)

个人理解

1. 作者围绕"有生命的书房"提出了很多观点，你同意哪些，不同意哪些？
2. 你认为这篇文章和阅读一的文章在写作手法上是相同的还是不同的？

阅读理解

一、 请给文章划分段落,然后说明作者是从哪几个方面论述"书房的生命"的。

二、 作者将生命赋予书房,因此用了很多跟人的生命、生活有关的比喻来加强论述,请找出这些比喻,并说明作者是在论述哪一个观点时运用的。

三、 请仔细分段阅读,完成练习:

1. 请阅读第 5 和第 6 自然段,用四字成语给这两段各起一个题目。
2. 请阅读第 8 自然段,回答问题:藏书的成分是如何随年龄的变化而变化的?
3. 请阅读第 11 自然段,说说作者认为书房生命终止的表现是什么?
4. 请阅读第 13 自然段,说说作者认为书房的生命怎样延续?

四、 请选择正确答案:

1. 二十年前,大学生很吃香。这句话的意思是:
   a. 二十年前,大学生的伙食很好
   b. 二十年前,大学生的身份很热门
   c. 二十年前,大学生总是撒香水
   d. 二十年前,大学生很怜香惜玉

2. 他提出离婚,连他的老泰山都来做工作。这句话的意思是:
   a. 他提出离婚以后,他的岳父给他换了一份工作
   b. 他提出离婚以后,他的岳父自己出去工作了
   c. 他提出离婚以后,他的岳父前来劝说他
   d. 他提出离婚以后,他的岳父前来找他去做工作

3. 有些学者接近老年时开始为自己的藏书考虑后路。这句话的意思是:
   a. 他们开始为自己的藏书考虑其他的地方
   b. 他们开始为自己的藏书考虑合理的去处
   c. 他们开始为自己的藏书考虑妥当的地方
   d. 他们开始为自己的藏书考虑将来的处理

4. 有些真诚地爱过书的人,已经在后来的名利场中难以自拔。这句话的意思是:

   a. 有些人已经陷在那些争夺名利的场所中
   b. 有些人已经得到了巨大的利益
   c. 有些人已经得到了巨大的声誉
   d. 有些人已经陷在各种各样的应酬场所中

5. 这样的图书室,一般会由一位老人来义务打理。这句话的意思是:

   a. 这样的图书室一般由一位老人义务打扫卫生
   b. 这样的图书室一般由一位老人义务整治管理
   c. 这样的图书室一般聘请一位老人义务当总经理
   d. 这样的图书室一般聘请一位老人义务当馆长

6. 这样的藏书室不可能像当红作家的签名售书那样人头攒动。这句话的意思是:

   a. 这种藏书室不可能有最流行的作家来签名售书
   b. 这种藏书室不可能有很多人来拜访最有名的作家
   c. 这种图书室不可能有最流行的作家签名售书而变得热闹拥挤
   d. 这种图书室不可能变得热闹拥挤,像有流行作家签名售书活动一样

7. 但是总有慕名来访的。这句话的意思是:

   a. 但是总是有因为仰慕藏书人的名气而来拜访的
   b. 但是总是有最有名的作家来拜访的
   c. 但是总是有羡慕这些有名的人而来拜访的
   d. 但是总是有因为想成名而来拜访的

 **重点词语**

怜香惜玉		lián xiāng xī yù	show tender affection for beauties
虚荣	(名)	xūróng	vanity
流逝	(动)	liúshì	to elapse
数落	(动)	shǔluo	to rebuke

扬言	（动）	yángyán	to threaten
义无反顾		yì wú fǎn gù	without any hesitation
重修旧好		chóng xiū jiù hǎo	become reconciled
凄惨	（形）	qīcǎn	miserable
郁郁寡欢		yùyù guǎ huān	feel depressed
痴情	（形）	chīqíng	infauated (with)
凄美	（形）	qīměi	plangent and beautiful
表征	（名）	biǎozhēng	token
捷径	（名）	jiéjìng	shortcut
陷溺	（动）	xiànnì	to plunge into
难以自拔		nányǐ zì bá	hard to extricate oneself
简陋	（形）	jiǎnlòu	simple and crude
生机勃勃		shēngjī bóbó	full of vitality
功成名就		gōng chéng míng jiù	achieve success and win recognition
富丽堂皇		fùlì tánghuáng	beautiful and imposing
人头攒动		réntóu cuándòng	be seething with people
仰慕	（动）	yǎngmù	to admire
一颦一笑		yī pín yī xiào	every twinkle and smile；the slightest facial expression
惆怅	（形）	chóuchàng	melancholy

词语练习

一、请用下列成语填空：

怜香惜玉　义无反顾　郁郁寡欢　生机勃勃
功成名就　富丽堂皇　人头攒动

1. 节日的王府井（　　　　），街道两旁走着各地来的游客。
2. 自从跟男友分手后，就再没见过她的笑脸，整天一副（　　　　）的样子。
3. 经过多年打拼，他终于拥有了自己的事业，算得上是（　　　　）了。
4. 哪个宫殿可以称得上是（　　　　）、美轮美奂呢？
5. 春天的原野，鲜花盛开，绿草茵茵，一片（　　　　）的景象。
6. 在事业与家庭之间，我（　　　　）地放弃了事业。

7. 谁没有(　　　　)之心呢？尤其是面对这样一个柔弱的女子？

二 请选择正确的词语完成句子：

1. 小刘是个(虚荣/虚伪)心特别强的人,所有的东西都要最好的,不考虑自己的能力。
2. 多年的乱砍滥伐,使这里的水土大量(流失/流逝)。
3. 她(扬言/发言),如果不答应她的要求,她就毁掉那些文件。
4. 我们应该虚心接受别人的(数落/批评)。
5. 通往成功的道路是没有(捷径/窍门)可言的,只有努力努力再努力。
6. 一直对这所大学抱有(仰慕/爱慕)之心。

三 请根据例句,用画线部分的结构造句：

1. 一个人爱自己的书<u>不难</u>,<u>难的是</u>爱护世间一切好书,<u>不管</u>那些书的主人是不是自己。

    你的句子：_____。

2. 她如愿嫁了一个大学生,并且还颇<u>以</u>自己的书生夫婿<u>为</u>荣。

    你的句子：_____。

3. 也许有人会笑他太痴情,但就是这分痴情,<u>终不失为</u>凄美。

    你的句子：_____。

4. 这<u>些</u>书都是经过精心选择的,<u>非</u>一般的图书馆<u>所</u>能比。

    你的句子：_____。

5. 如今的书房已<u>经沦为</u>伪文化的装饰品。

    你的句子：_____。

合作学习

一 画一幅设计图,谈谈你对你的书房的设想(书房的布局、藏书的种类……)。

二 你认为什么样的人是真正的读书人？读书人和爱书人这两个概念有区别吗？

一　语段写作练习：
请用段落排比和比喻两种方法，写一篇短文。
题目：与……相爱
要求：
1. 分为两段，每段开头必为"与……相爱，……"
2. 字数：200字

二　语篇写作练习：
题目：作为……的……
要求：
1. 运用本课的写作手法
2. 字数：不超过800字

 相关链接 ▶▶▶▶

找鲁迅的《且介亭杂文·随便翻翻》阅读，完整了解这篇文章的内容。

从这一课你学到了什么？
1. _____
2. _____

第二课

学习目的

1. 内容提示：了解流行作家、热点书籍
2. 写作要求：读书报告

思考题

1. 你觉得一本书、一个作家的流行是什么因素决定的？
2. 在你们国家,有没有哪个作家一度特别流行？

阅读 一

金庸热：一种奇异的阅读现象

 提示：画出文章中每一段概括主要内容的句子

 时间：12分钟

若问当今华文作家中拥有读者最多的是谁，大概人们会异口同声地回答："金庸。"金庸作品造就了千千万万个"迷"，也带来了许许多多个"谜"。

我曾经以为只有男学生才喜欢金庸小说。谁知一调查，出入非常大，许多女学生照样爱读，而且他们的父母亲和许多上了年纪的华人也同样喜欢读。真是到了不分性别、不分年龄的地步！

"金庸热"之所以会成一种奇异的、令人注目的阅读现象，不仅由于拥有读者之多，还因为它具有下述三个突出的特点：

一是持续时间长。《射雕英雄传》最初在报纸上连载时，许多人争相传告，报纸发行量一下子增加很多。从那个时候起，可以说港澳地区就出现了"金庸热"。

而且随着《神雕侠侣》、《天龙八部》、《笑傲江湖》等作品出现，"金庸热"更是长盛不衰。人们可能还记得1994年10月25日金庸被授予北京大学名誉教授称号，并作两次讲演时的盛况，听他讲演的，请他签名的，真是到了人山人海、水泄不通、所发入场券几乎无用的地步，当时的主持人打趣说："今天这形势，金大侠武功再高也不好办了！"这就是他直到今天仍受读者热情欢迎的一个缩影。

二是覆盖地域广。金庸的读者不但遍布海峡两岸和东亚地区，而且延伸到了北美、欧洲、大洋洲的华人社会，可以说全世界有华人处就有金庸小说的流传。1991年我到新加坡参加国际汉学会议，坐在出租车上，听到的就是《鹿鼎记》的华语广播。我还看到过一个材料，说20世纪70年代初南越国会议员们吵架，一个骂对方"是搞阴谋诡计的左冷禅"，对方就回骂说："你才是虚伪阴狠的岳不群。"可见连《笑傲江湖》里这些人物在当时的南越也几乎到了人所共知的地步。据韩国学生告诉我，金庸小说在韩国早有译本，并且相当风行。而近年，日本最大的出版社德间书店也向作者买了版权，要将金庸作品全部译成日文，其中《书剑恩仇录》日译本四册已全部出版，其余的正在紧张翻译之中。英文翻译可能相当困难，但《鹿鼎记》的英文节译本亦已出版。

由此看来，今天"金庸热"或许有可能超出华人世界的范围。

三是读者文化跨度很大。金庸

小说不但广大市民、青年学生和有点文化的农民喜欢读,而且连许多文化程度很高的专业人员、政府官员、大学教授、科学院院士都爱读。像中国已故的数学大师华罗庚,美国的著名科学家、诺贝尔奖获得者杨振宁、李政道以及著名数学家陈省身,我熟识的中国科学院院士甘子钊、王选等,都是"金庸迷"。如果说上述读者还可能只是业余阅读用以消遣的话,那么,一些专门研究中国文学和世界文学的教授、专家们就不一样了,他们应该说有很高的文学鉴赏眼光和专业知识水准,而恰恰是他们,也同样对金庸小说很感兴趣。据我所知,像美国著名学者陈世骧、夏济安、夏志清、余英时、李欧梵、刘绍铭,中国著名文学研究家程千帆、冯其庸、章培恒、钱理群、陈平原等,也都给予金庸小说很高评价。记得1994年底,遇到女作家宗璞,她抓住我就问:"你们开金庸的会,怎么不找我呀?"我说:"听说您前一段身体不太好?"她说:"我前一段时间住在医院,就看了好多金庸的书,《笑傲江湖》啦,《天龙八部》啦,我觉得他写得真好,我们一些作家写不出来。"中国作协副主席冯牧生前曾表示很愿意像对待古典名著《三国演义》、《水浒传》等一样,来参加金庸小说的点评。作家李陀则用他特有的语言说:"中国人如果不喜欢金庸,就是神经有毛病。"这就不仅是雅俗共赏,而且是科学家、文学家齐声同赞了。

20世纪本是科学昌盛的世纪,中国新文学经过"五四"之后80年的发展,也早已取得了绝对的优势。但恰恰在这个世纪的后半期,金庸以传统形式写成的武侠小说出现了,并且如此长久地风靡不衰,这本身又是一个令人感兴趣的更大的谜。

上述种种现象,每一项都可能潜藏着有待发掘的丰富内涵,足以发人深省,启迪人们去思考和研究。科学地揭示现象背后的诸多原因,深入地探讨金庸作品魅力之所在,解开谜底,把金庸小说放到中国文学发展的背景上加以考察,从而衡定其在文学史上的地位,正是金庸研究者们共同面对的课题和任务。

(选自严家严《金庸热:一种奇异的阅读现象》,《中华读书报》1998年11月11日)

个人理解

1. 读完这篇文章,你认为金庸的小说主要是哪类小说?
2. 读完这篇文章,你认为作者对"金庸热"的态度是什么?从文中哪些句子可以看出来?
3. 你觉得中国的文学史上有一天会把金庸和他的作品加进去吗?为什么?

阅读理解

一 请根据文章内容判断对错:

- ☐ 1. 金庸是当今世界拥有读者最多的作家。
- ☐ 2. 作者认为,只有男生才喜欢读金庸的武侠小说,其实不然。
- ☐ 3. 金庸最早的一部作品是《神雕侠侣》。
- ☐ 4. "金庸热"是1994年他到北大演讲并被聘为名誉教授时开始的。
- ☐ 5. 作者认为,金庸热的范围有可能超出华人圈。
- ☐ 6. 作家冯牧认为,金庸的作品可以跟《三国演义》、《水浒传》相媲美。
- ☐ 7. 不仅许多文学家,连科学家也喜欢金庸的作品。
- ☐ 8. 金庸的小说跟五四文学提倡的新文学是不统一的。
- ☐ 9. 金庸的作品在文学史上的地位尚未确定。

二 请根据文章回答问题:

1. "金庸热"这种阅读现象的三大特点。
2. 金庸研究者们面对的课题和任务主要是什么?

三 请根据文章内容,理解下列句子的含义:

1. 金庸作品造就了千千万万个"迷",也带来了许许多多个"谜"。这句话的意思是:

   a. 很多喜欢金庸小说的人其实并不了解金庸的小说
   b. 很多喜欢金庸小说的人都不知道他是谁

c. 为什么很多人喜欢金庸的小说,这是个难解的问题

d. 为什么很多人喜欢金庸的小说,这已经有了答案

2. 人山人海、水泄不通、所发入场券几乎无用。这句话的意思是:

a. 人太多,根本买不到入场券

b. 人太多,拿着入场券也没有用了

c. 人太多,做入场券太浪费了

d. 人太多,发入场券根本来不及

3. 今天这形势,金大侠武功再高也不好办了! 这句话的意思是:

a. 今天我们终于可以见识一下金庸先生的功夫了

b. 今天我们还是不能见识到金庸先生的功夫

c. 今天金庸先生的功夫有了很大提高

d. 今天人太多,金庸先生也没办法了

4. 20世纪70年代初南越国会议员们吵架,一个骂对方"是搞阴谋诡计的左冷禅",对方就回骂说:"你才是虚伪阴狠的岳不群。"通过这个句子,我们知道:

a. 左冷禅是金庸小说里的专搞阴谋诡计的反派人物

b. 岳不群是个表面看起来很正派,但实际很坏的反派人物

c. 甚至连南越国会议员都对金庸小说很了解

d. 以上都对

5. 中国人如果不喜欢金庸,就是神经有毛病。作者是想借这句话说明:

a. 金庸小说对中国人的精神治疗很有帮助

b. 金庸小说对中国人的神经治疗很有帮助

c. 金庸小说是有神经病的人喜欢读的

d. 只要是正常的中国人,都应该喜欢读金庸小说

重点词语

异口同声		yì kǒu tóng shēng	with one voice
造就	(动)	zàojiù	to bring up
出入	(名)	chūrù	discrepancy
连载	(动)	liánzǎi	to serialize; to publish in installments
长盛不衰		cháng shèng bù shuāi	unfading
盛况	(名)	shèngkuàng	grand occasion
水泄不通		shuǐ xiè bù tōng	be overcrowded
打趣	(动)	dǎqù	make fun of
缩影	(名)	suōyǐng	reduction; epitome
覆盖	(动)	fùgài	to cover
地域	(名)	dìyù	zone
延伸	(动)	yánshēn	to extend
阴谋诡计		yīnmóu guǐjì	schemes and intrigues
虚伪	(形)	xūwěi	hypocritical
版权	(名)	bǎnquán	copyright
跨度	(名)	kuàdù	span
鉴赏	(动)	jiànshǎng	to appreciate
雅俗共赏		yǎ sú gòng shǎng	suit both refined and popular tastes
潜藏	(动)	qiáncáng	to hide
发掘	(动)	fājué	to dig out
深省	(动)	shēnxǐng	to wake up to a sharp awareness of the truth
启迪	(动)	qǐdí	to enlighten
谜底	(名)	mídǐ	answer to a riddle

词语练习

一 请选择正确词语完成句子：

1. 是他的一句话(启迪/启发)了我,我才完成了这个发明。
2. 这些信息全是(虚伪/虚假)的,一点真实性都没有。
3. "总得休息吧,你真的以为自己是超人啊？"他(打趣/风趣)道。
4. 他对中国书画有很高的(鉴赏/欣赏)力。
5. 人有很多(潜藏/躲藏)的能力有待开发。
6. 随着森林(覆盖/遮盖)率的增加,这个地区的环境也随之大为改善。
7. 我非常想(延伸/延长)我在这里的学习时间。
8. 她在这部电影里的角色年龄(跨度/范围)特别大。
9. 考古学家们在这个古墓里(发掘/发现)出了很有价值的文物。

二 请用下列生词填空：

　　造就　出入　缩影　盛况　深省

1. 为什么他这么年轻就走上了犯罪道路,这是个发人(　　　)的问题。
2. 他对整个事件的描述和事实(　　　)很大。
3. 可以这么说,北京的桥就是北京发展的一个(　　　)。
4. 这所大学(　　　)了一批又一批科学人才。
5. 这是一次(　　　)空前的演出。

　　异口同声　长盛不衰　雅俗共赏

6. 希望作曲家们能多创作出一些(　　　)的音乐作品来。
7. 大家(　　　)地推举他做这次活动的领头人。
8. 这个话剧连演了三年都特别受欢迎,一直(　　　)。

合作学习

请共同查找资料,了解金庸,然后给大家介绍:

1. 金庸的家世、原名,写小说前的职业(找出他写小说前的一篇文章阅读)。
2. 金庸的婚姻家庭。
3. 金庸的武侠小说(包括全部的书名)。
4. 金庸的现状。
5. 不同中国人对金庸个人及其小说的评价。

思考题

1. 你对"狼"这种动物的印象是怎样的？这种印象是怎样得来的？
2. 说说你所知道的图腾。

阅读 二

重读《狼图腾》的若干思索

 提示：找出文中所有的反讽的词语
时间：11分钟

　　《狼图腾》是去年最受关注，并创造了惊人销售业绩的长篇小说。褒扬者称之为"旷世奇书"，能提供强烈的阅读快感，是一部以狼为主体的史诗，是一道享用不尽的"精神盛宴"。批评者则认为，它不过是一部沉闷、乏味、难以下咽的平庸之作；尤其是它对穷凶极恶的狼及狼文化的张扬，更引起一片反感的声音。

　　我认为，姜戎的《狼图腾》是当代小说中很有价值的作品，是一部深切关注人类土地家园的，以灵魂回应灵魂之书。然而，即便这样少有的坚实之作，也明显地存在灵魂资源不足的问题。

　　《狼图腾》的主体部分是优秀的。但它的社会层面、生态层面、文化层面的描写是不平衡的，文化层面就有不少混乱，尤其是赘在后面的《理性探掘——关于狼图腾的讲座和对话》比较糟糕。为什么会出现这么大的逆差？因为在主体部分作者隐藏于后，形象呈现于前，尽管作者念念不忘他的狼性伟大论，不时跳出来宣谕几句，但形象系统毕竟具有自洁能力，能包容多侧面的意义。等到作者以一个文化新大陆的发现者和宣扬者身份站出来大声讲话时，作者对文明史的偏执解读和他自己灵魂资源不足的问题就暴露出来了。理性探掘部分的理论实际上与主体形象部分的形象并不相容,甚至可以说理性探掘部分有时恰好在消解主体部分的思想。

作者在理性探掘部分宣称,他找到了"中国病"的病根。他在探讨华夏农耕文明及其国民性时发现,"中国病"就是"羊"病,属于家畜病范畴;而草原民族及西方民族都因为富于"大游牧精神",有"狼的精神",故而能够高歌猛进。作者认为,中国农耕文明是羊文明、草原文明,而西方文明是狼文明。他借人物之口说,要是没有狼,没有这个军师和教官,就没有成吉思汗和黄金家族。要是没有狼和狼文明,西方人也就不可能开拓出巨大的海外市场,更不可能有今天向宇宙太空的挑战。这结论真是简单得让人吃惊。那么什么是"大游牧精神"呢?据作者说,那必须是以狼性为基础、以残酷激烈的生存竞争为前提的一种精神。作者颇为惋惜地说,只要一踏进河谷平原,一踏进农田,从事农耕文明,那就糟了,"再凶悍的狼性也凶悍不起来啦",只能变得"温柔敦厚"。作者恨不能从人类文明史上彻底勾销农耕文明这一段才解气。作者说,敦厚的华夏"文明羊"遇上了凶悍的西方"文明狼",两种文明相撞,撞翻的当然是羊,所以古老的华夏道路必然要被西方道路打垮,最后打成了西方的殖民地和半殖民地。原来如此!一切都是狼这家伙惹的祸。解决的办法也立刻就有了,照作者的意思,就是回到茹毛饮血的原始牧场去;如果不能,回到"比阶级斗争更残酷的生存竞争中"去也行,因为只有在那儿的厮杀才能让狼性激发出来。作者还提供了具体的药方:"使千年来被农耕羊血稍稍冲淡了的狼性血液,恢复到原有的浓度比例。""只要华夏民族在性格上的狼性、羊性大致平衡,狼性略大于羊性,华夏中国就会疆域扩大,国富民强,繁荣昌盛。"好一个锦囊妙计啊!引述至此,事情已变得十分滑稽,沿着这个臆造的规律推衍下去,恐怕我们只能硬着头皮反文化,反文明,甚至反人类了。有趣的是,作者却自感满足地说他"总算理出头绪来了"。

实际上，与一般人的错误解释一样，作者把根本道理弄歪了。无论西方还是东方，无论农耕还是游牧，大炮、黑奴、殖民扩张、嗜血杀戮都是野蛮而不是文明，这样的行为给人类带来的都是退化而不可能是进化，即使戴上"狼性"的"桂冠"也一样。真正的文明应是顺应大自然的规律，尊重所有生命的生存权，尊重所有民族的生活习惯，保护和珍惜生存环境，善待生命。《狼图腾》的主体部分实际上已经说明了这个道理，也就是说，使草原欣欣向荣、繁荣昌盛的既不是开疆拓土的血腥厮杀，也不是各种生命在草原上的嗜血竞争，而是草原人世世代代在顺从"大命"的和平生存中对草原的善待和与草原的和谐相处。实际上，正是那些貌似伟大的开疆拓土和貌似进化的残杀在真正地毁灭草原。

总之，用羊性和狼性来划分文明史，是极不科学的。社会达尔文主义者鼓吹在社会生活中弱肉强食、你死我活，其结果并不是优胜劣汰，而是世界被毁坏、被沙化。难道我们对那么多物种的灭绝没有感觉？难道我们对那么多热带雨林被大规模沙化意味着什么一无所知？有报道说，臭氧层的破坏、各种污染、各种毁坏已使地球不堪重负，光是气候变异这一项，就足以使人类在极短的时间里面临灭顶之灾。

(选自雷达《重读〈狼图腾〉的若干思索》,《光明日报》2005 年 8 月 15 日)

个人理解

1. 读完这篇文章,你对《狼图腾》这本书有什么印象？
2. 你同意作者的观点还是《狼图腾》的观点？
3. 文中的哪些句子给你留下了特别深刻的印象？

阅读理解

一 请快速阅读第4自然段，找出这一段中能表明作者讽刺、批评态度的动词、副词和句子。

二 请根据文章内容判断对错：

☐ 1.《狼图腾》这本书在去年引起了所有读者强烈的反感，但是卖得特别好。
☐ 2. 作者认为，《狼图腾》不应该加最后一部分《理性探掘——关于狼图腾的讲座和对话》。
☐ 3.《狼图腾》的作者认为中国遭受侵略的主要原因是中国人都像"羊"一样软弱。
☐ 4. 作者对《狼图腾》中否定农耕文明持批评态度。
☐ 5. 作者认为，《狼图腾》的作者对中国病提出了很有效的解决办法。
☐ 6. 作者认为，只有经过了野蛮，才能有现代文明。
☐ 7. 作者认为，达尔文的理论带来的结果只有破坏而没有进步。

三 请仔细分段阅读，完成练习：

1. 请阅读文章第3自然段，总结本文作者对《狼图腾》结构分布上的意见。
2. 请阅读文章第3自然段，理解下面两句话的含义：
   (1) 在主体部分作者隐藏于后，形象呈现于前。
   (2) 形象系统毕竟具有自洁能力，能包容多侧面的意义。
3. 请阅读文章的最后一个自然段，说明这个段落突出的句式特点。

四 请选择正确答案：

1. 他称得上是旷世奇才。这句话的意思是：
   a. 他虽然有才华，但总是旷课
   b. 他的才华在世界上少有
   c. 他虽然有才华，但是看不起世上的任何人
   d. 他的才华使世界为之惊奇

2. 只有找到病根,才能有效治疗。这句话的意思是:
   a. 只有找到发病的根源,才能有效治疗
   b. 只有找到第一个发病的人,才能有效治疗
   c. 只有找到病人的去向,才能有效治疗
   d. 只有找到病的疫苗,才能有效治疗

3. 他太可恨了,只有揍他一顿才解气。这句话的意思是:
   a. 只有打他一顿才能平息怒气
   b. 只有打他一顿才能解决问题
   c. 只有打他一顿才能揭开谜底
   d. 只有打他一顿才能净化环境

4. 他力邀我去参加马拉松,我只好硬着头皮答应了。这句话的意思是:
   a. 我虽然头疼,但是只好答应了
   b. 我虽然掉头发,但是也只好答应了
   c. 我虽然不想去,但是只好勉强答应了
   d. 我虽然不想去,但是只好狠心答应了

5. 这顶"改革家"的桂冠送给他是再合适不过了。这句话的意思是:
   a. 给这个改革家送一顶帽子是最合适的
   b. 给这个改革家送一束鲜花是最合适的
   c. 给这个改革家一个冠军称号是最合适的
   d. 把这个荣誉送给他是最合适的

6. 每家公司都极力鼓吹自己的产品如何如何好,搞得消费者无所适从。这句话的意思是:
   a. 每家公司都在吹牛,消费者都不相信
   b. 每家公司都敲锣打鼓地宣传,消费者们不知道怎么选择
   c. 每家公司都宣扬自己的产品好,消费者们不知道怎么选择
   d. 每家公司都坚持自己的产品好,消费者们不知道该怎么选择

重点词语

旷世	（形）	kuàngshì	rare; unique
乏味	（形）	fáwèi	boring; dull
平庸	（形）	píngyōng	very common; mediocre
逆差	（名）	nìchā	trade deficit
念念不忘		niànniàn bù wàng	bear in mind constantly
宣谕	（动）	xuānyù	to declare
偏执	（形）	piānzhí	stubbornly biased
凶悍	（形）	xiōnghàn	maneating
勾销	（动）	gōuxiāo	to cross out; to write off
敦厚	（形）	dūnhòu	honest and sincere
茹毛饮血		rú máo yǐn xuè	eat raw birds and animals
厮杀	（动）	sīshā	to fight at close quarters
锦囊妙计		jǐn náng miào jì	have a card up one's sleeves
臆造	（动）	yìzào	to concoct; to fabricate
头绪	（名）	tóuxù	main thread of an affair
杀戮	（动）	shālù	to massacre
桂冠	（名）	guìguān	laurel
欣欣向荣		xīnxīn xiàng róng	prosperous
血腥	（形）	xuèxīng	bloody
鼓吹	（动）	gǔchuī	to drum for
弱肉强食		ruò ròu qiáng shí	law of the jungle
优胜劣汰		yōu shèng liè tài	the winning survived; survival of the fitted
不堪重负		bù kān zhòngfù	can't bear the deadweight
灭顶之灾		mièdǐng zhī zāi	deadly disaster

词语练习

一 请选择正确的词语填空:
1. 这部作品太(平庸/平常)了,一点精彩的地方都没有。
2. 这个人太(乏味/无聊)了,总喜欢到处打听别人的隐私。
3. 他这个人已经不是普通的坚持了,简直就是(偏执/固执)。
4. 古匈奴是一个(凶悍/凶猛)的民族。
5. 小孩子的(臆造/想象)力总是比大人的要丰富。
6. 这么复杂的情况要理出(头绪/线索)来真不是件易事。

二 词语搭配:

A	B
原始社会	灭顶之灾
诸葛亮	欣欣向荣
教育事业	不堪重负
压力	优胜劣汰
竞争原则	茹毛饮血
初恋	念念不忘
海啸地震	锦囊妙计

合作学习

请阅读下面文章,合作完成练习:

连国王也被怀疑上了,
他纵然有纯洁的心,
也得在夜间祈祷。
一旦狼祸横行谁敢说他不会遭殃,
而月亮总是又圆又亮。

这是一首流行的古诗。意思是说,即使是善良和忠诚的人,也难保不会变成狼人。

狼人的传说可能源于有关诺斯(古代斯堪的纳维亚人及挪威人)神的故事。据说诺斯的神能变成各种动物,如熊和狼。后来在16世纪,产生了这样的观念,即巫婆会变成狼。随后又衍化发展成蟾蜍、猫和兔子等一系列动物,它们都可能是巫婆掩护自己的化身。在吸血鬼和狼人以人的形状出现时,要把它们区分开来是很不容易的。因为它们有许多共同的特征,如双眉相连,爪一样的指甲,尖削的小耳朵和手掌长毛。稍有不同的是,狼人两手上的第三指与第二指一样长或稍长一些。

经过变化之后,狼人的形状无非是两种:一种是靠四肢行走的貌似巨狼的动物,一种是毛茸茸的两足动物,虽然它们具有人的外部特征,但仍容易辨认。两种狼人都会撕开被害者的咽喉,然后生吞活剥地把受害者的肉吃掉。据说意大利某些狼人体内长着毛。1541年,至少有一名嫌疑犯死在负责检查他的外科医生的手术刀下。1199—1216年间的英格兰统治者——不得人心的国王约翰,据说就是狼人。一个诺曼底人在日记中记述了僧侣们是如何听到国王墓穴中发出声音,如何将他的尸体掘出来移走的,"国王姓拉克兰德(意为没有土地),这个姓是不祥的预兆,已被人们完全认识了。因为他几乎失去了生前统辖的全部领土,连安宁地拥有一块墓地也办不到。"一个人要变成狼人有很多种方法。中世纪一位名叫泰伯里的杰维斯教会人员说,在满月的月光下,裸体在沙中滚动是一种有效的方法。意大利的民间传说认为,在新月时怀孕的小孩,在刚好满月的星期五那天在门外睡觉,就足以变成狼人。在爱尔兰,传说圣·帕特里克因整个部落对他不忠而十分恼火,他大骂他们,并把他们统统变成狼人。欧洲的某些传说认为,饮用狼喝过的溪水,被狼咬过,或吃了狼毒植物,都会变成狼人。

对付狼人的办法也很多,法裔加拿大人传说,喊基督的名字或叫狼人的真实教名三次便可驱邪。据说法国有一个众所周知的名叫劳彼格鲁的狼人,在它处于狼的潜伏期间,从它身上取三滴血便可将它击败。但已知从狼人魔爪下解救人的最好方法是用银弹射死狼人。银弹最好是在教堂的耶稣受难像前供奉过的。实际上,每个民族都有自己的鬼怪之说。在非洲,一些原始人信奉豹人。在亚洲,害怕像虎一样的人。而斯堪的纳维亚人相信有熊人。奇怪的是,这些奇异传说中的某些现象可以在现实生活中找到。幸运的是,现在认为自己是动物、要喝血吃生肉的人是非常罕见了。如果有的话,人们称之为患了变兽狂想症。

1. 请简单介绍一下西方狼人的传说。
2. 你还了解哪些以动物为主角的神话、神秘的传说,请介绍一下。

一 语段写作练习：

1. 请阅读下面的两段文章，画出哪些部分应该加双引号，然后说说双引号的具体作用。

   (1) 梁启超在著名的《中国历史研究法》中，曾经讨论过常人向来不认为史料者，吾侪偏从此间觅出可贵之史料的方法。小说也在列举的范围内。虽然作者本明告人以所纪之非事实；然善为史者，偏能于非事实中觅出事实。梁氏提到的例子，一是《水浒传》的鲁智深醉打山门，此固非事实也，然元明间犯罪之人得一度牒即可以借佛门作逋逃薮，此却为一事实；一是《儒林外史》的胡屠户奉承新举人女婿，亦非事实，然明清间乡曲之人一登科第便成为社会上特别阶级，也是事实。

   (2) 如同美女作家一样，少年作家也是一个不错的噱头，可以帮书商们大赚一把。这是上个世纪90年代以后出版界介入市场竞争的结果。某出版社资深编辑说。面对日益激烈的市场竞争，出版商们想尽一切办法，他们造出了美女作家、网络写手。在美女作家等噱头逐渐冷却后，出版商们又乘势造出了少年作家。出版商花大力气把少年作家进行包装炒作，使人们的注意力凝聚在这些神奇的孩子身上。

2. 请根据每段给的概括性的句子展开论述。

   阅读是人类传递信息最有效的、不可替代的手段。因为通过阅读接受信息，最能体现信息接受者的主体性。比如，你在读书时，……

   因此，一个人不读书，接受信息就常常是从众的、被动的、缺乏分析的。……

   阅读的另一特点是个人性。阅读不是朗诵，是默读，不和别人分享。……

   从这样的角度，我们可以看出阅读率下降所代表的危机。……

二 语篇写作练习：

写一篇读书报告或者书评。

要求：

1. 题目自拟
2. 可针对书中的一个观点，也可针对书的写作特点提出自己的观点看法
3. 必须要有原书中的引文
4. 字数：1000字左右

相关链接 ▶▶▶▶

请找出与此文作者观点相反的一篇书评。

从这一课你学到了什么？

1. _____

2. _____

第三课

学习目的

1. 内容提示：通过电影表达的梦
2. 写作要求：影评、观后感

思考题

1. 听说过邓丽君这个人吗？你对她的歌有什么评价？
2. 你能说出哪些电影的类型？

阅读 一

《甜蜜蜜》：系在城市辫梢上的梦

 提示：对电影情节设置、风格特点的分析
时间：13分钟

在经历众多的动作片、战争片、灾难片、恐怖片等类型影片的狂轰滥炸之后，当我第一次看到《甜蜜蜜》时，就被这部爱情影片深深感动了，并且此后一看再看，且过后久久回味，每次观看都会有更深的心灵触动。

没有惊天地、泣鬼神的传奇式爱情，没有豪宅名车的场景设置，黎明、张曼玉两位大明星也一反往常的靓丽造型——全片始终在力求接近生活中的如你我般的平凡。

故事是从1985年的上海火车站开始的。小军(黎明)来自天津，李翘(张曼玉)则来自上海；两人不约而同地在这一天离开生于斯长于斯的故居，各怀一个梦到了香港。这一男一女几乎没有半点相同之处，只是两人都喜爱邓丽君的歌。小军的愿望只是想在香港找一个栖身之所，努力工作存一点钱，然后把未婚妻宝宝带出来共同建立新家园。李翘的理想可没那么简单，她不但个性积极，而且为人机智世故，希望到香港能有一番大作为。这对原本不相干的男女在香港相遇，彼此成为对方在这陌生城市的第一个朋友，而且是唯一可依靠的知己。

但是不久之后，他们战友的关系，终于掩盖不了男女情爱。但小军不忍就此摧毁对宝宝的承诺，李翘更不甘心辛苦离乡背井只得到爱情。几经思量，他们决定静悄悄地淡出对方的世界。两人分开十年后，身处异乡的两人因在街上听见邓丽君的死讯而停下脚步，当他们蓦然回首，竟发现朝夕思念的人就在不远之处，再次重逢，此时两人虽各有所属，但他们惊觉两人竟比以前更深爱对方。小军和李翘经过十年的坎坷路后终于又走到了一起，可谓是有情人终成眷属，本片也有了一个美好的结局。

近年来，香港电影为拓展制片范畴，也为了顺应九七后的电影生态，不免纷纷向内地伸出触角，一方面内地地大物博，题材丰富；另一方面也为香港的制片方向与内涵，注入一些活水。《甜蜜蜜》便是一个以1985年为背景，跨越上海、香港、纽约三个大城市的三段式爱情故事。剧中这对男女十年来分分合合，看似有情，却总无缘，令人感喟、叹息。

或许是爱情这个永恒的话题，或许是

片中所表现的平凡的情感和生活状态,或许是一首名为《甜蜜蜜》的老歌带来些对旧日的隐隐怀念,《甜蜜蜜》剧就这样以极原色的方式、以平实朴素的风格悄悄地触动了每个人灵魂深处的一些模糊但确实存在的温柔的记忆,勾起了观众们系在城市辫梢上且原本不愿再次提及的梦。两位主人公为谋求生存而做出不懈努力和挣扎,为恪守道义而担负责任,他们一样向往和追求真挚情感,他们在孤独寂寞时都需要慰藉,他们在相携奋斗中产生了依恋……他们仿佛就在我们身边,演绎着我们都可能听说甚至会亲自遇到的故事,正是这种平凡人和平凡事,轻易地赢得了观众们的共鸣!

《甜蜜蜜》这部影片表现风格的独特性无疑成了自身的成功之处或说动人之处。影片非常善于煽情,在剧情发展、人物刻画、画面构造及音乐配置等方面做了大量的工作。风雨交加、天寒地冻之夜,两位主人公的感情也顺理成章地达到极致:吸引——积蕴——期待,演员的眼神、表情以及极其细微的动作,将双方的心理状态表达得淋漓尽致,使观众回味起了一些久埋心底的情结。

《甜蜜蜜》这首老歌总在极为适宜的情节里出现,尤其在两位主人公重逢的一刻——两人从不同的街道向相遇的地方走去,镜头拉得很长,随着他们在繁华闹市中的脚步,所有观众跟他们一起回味着两人相遇后走过的岁月,感喟生活无常的同时也欣喜地看着他们走向尚不知晓的宿命——直到蓦然回首,终于尘埃落定,没有预期的相拥而泣,只是多了些生活沧桑的眼中交织着惊喜、伤感和无奈。

《甜蜜蜜》成功之处和动人之处说明,大制作形成的场景固然撼人一时,但真正能深入人心的却是饱含了人情味和丰富情感的影片,加上编剧、导演的高水平编导、演员的娴熟演技,才能使观众们抑在心灵深处的、系在城市辫梢上的梦终于拾起并一直随歌飘荡。

《甜蜜蜜》像是一本发了黄的旧相簿,翻开的时候,除了感伤,还是感伤。就在一种感伤的情绪里,我们的心情却如释重负,得到安慰。或许记忆里的东西,从来都已经被记忆抚平,变成一种光洁如新的玻璃器皿,装饰我们的生活。现实正是这样,感伤也成了生活的一种。当然,这种生活是绝对私人化的,所以看《甜蜜蜜》的时候,我一个人坐在客厅里,抱着我的枕头。

  我开始疑惑:我是否已经老了?我在一个不大的年纪,对感伤如此的关注,在一部浅蓝、浅灰、泛黄的电影里,拼命把自己的一些零星的记忆,想成如何的重要,怎样难以忘怀,就渴望在电影里找到一种熟悉的场面,加进一些我所熟悉的故人、旧物、老事,以为这样可以融化堆积在心头的失落,不用找地儿宣泄,有必要吗?

  人生苦短,不能尽欢,所谓命运使然,所谓天意造化,不过是美丽的借口,时间纵然伤情流走,就算说一声珍重再会,也是对生命的主动。真的是那时不能接受,或者无力追求?其实该来的来了,是自己没有勇气面对,是自己捂住悄悄闪烁的双眼,如此罢了。

(选自电影人完全手册网站2005年3月13日)

个人理解

1. 你觉得这篇文章写得怎么样?
2. 如果你没看过这部电影,作者的评论会吸引你去看这个电影吗?哪部分的议论最吸引你?

阅读理解

一、请快速阅读全文,按照提示,说明作者是按照什么样的顺序来评论这部电影的:

首先,作者用了两个自然段来说明_____。
然后,作者用第3和第4两个自然段来叙述_____。
再后,作者在_____自然段就这部电影的选材进行了评价。
接着,作者用了三个自然段来点评这部电影的_____和_____。
最后,作者用最后三个自然段再次抒发了_____的感情。

二　请仔细分段阅读，然后做练习：
1. 作者在文章的第1自然段和最后三个自然段到底是想表达怎样的感受？
2. 请阅读第5和第6两个自然段，说明作者认为这部电影在选材方面的特点。
3. 请阅读7—9三个自然段，说明作者认为这部电影风格上的最突出的特点是什么？

三　请再次阅读全文，谈谈你的看法：作者为什么以"系在城市辫梢上的梦"为题目？

四　请根据课文内容理解下列句子的意思：
1. 这对原本不相干的男女在香港相遇。这句话的意思是：
   a. 这两个人都不知道自己在香港要做什么
   b. 这两个人都不知道怎么会在香港相遇
   c. 这两个人在香港相遇以前没有任何关系
   d. 这两个人在香港相遇以前就互相认识

2. 李翘更不甘心辛苦离乡背井只得到爱情。这句话的意思是：
   a. 李翘不忍心为了爱情离开家
   b. 李翘不情愿离开家放弃其他想得到的，而只得到爱情
   c. 李翘很伤心因为离开家只得到了爱情
   d. 李翘不同意离开家只为了爱情

3. 几经思量，他们决定静悄悄地淡出对方的世界。这句话的意思是：
   a. 长时间平衡以后，他们决定不给对方留下任何东西
   b. 长时间平衡以后，他们决定不给对方任何有颜色的世界
   c. 长时间考虑以后，他们决定不给对方制造任何麻烦
   d. 长时间考虑以后，他们决定渐渐地离开对方

4. 竟发现朝夕思念的人就在不远之处。这句话的意思是：
   a. 突然发现每天想念的人就在身边
   b. 突然发现早晨想念的人晚上就来到身边
   c. 突然发现思念的人早晚会来到身边
   d. 突然发现晚上思念的人早晨就会来到身边

5. 影片非常善于煽情。这句话的意思是：
   a. 影片非常善于煽动观众的感情
   b. 影片非常善于鼓动观众的感情
   c. 影片非常善于调动观众的感情
   d. 影片非常善于挑动观众的感情

五 请解释下列句子的意思：

1. 惊天地，泣鬼神
   意思是：_____。
   一般用来描述_____。

2. 有情人终成眷属
   意思是：_____。
   一般在_____时用。

3. 人生苦短，不能尽欢
   意思是：_____。
   一般在_____时用。

4. 命运使然，天意造化
   意思是：_____。
   一般在_____时用。

 重点词语

辫梢	（名）	biànshāo	tip of the braid
狂轰滥炸		kuáng hōng làn zhà	indiscriminate bombing
回味	（名）	huíwèi	aftertaste
不约而同		bù yuē ér tóng	happen to coincide
栖身之所		qīshēn zhī suǒ	inhabitable place

机智	（形）	jīzhì	tactful
世故	（形）	shìgù	worldly-wise; sophisticated
离乡背井		lí xiāng bèi jǐng	leave one's native place
蓦然回首		mòrán huíshǒu	suddenly look back
各有所属		gè yǒu suǒ shǔ	each has its own affiliation
拓展	（动）	tuòzhǎn	to expand
触角	（名）	chùjiǎo	antenna
感喟	（动）	gǎnkuì	to sign with feeling
永恒	（形）	yǒnghéng	everlasting
不懈	（形）	bùxiè	persisting
挣扎	（动）	zhēngzhá	to struggle
恪守	（动）	kèshǒu	scrupulously abide by
慰藉	（动）	wèijiè	to console
演绎	（动）	yǎnyì	to deduct
共鸣	（名）	gòngmíng	sympathetic response
顺理成章		shùn lǐ chéng zhāng	follow a rational line to do some work well
极致	（名）	jízhì	the highest achievement
宿命	（名）	sùmìng	predestinate
尘埃落定		chén'āi luò dìng	get solved
沧桑	（名）	cāngsāng	time brings drastic changes to the world
交织	（动）	jiāozhī	interweave
娴熟	（形）	xiánshú	skilled
如释重负		rú shì zhòng fù	as if relieved a heavy load

词语练习

一　请选择正确的词语填空：

1. 他一而再再而三地(回味/回忆)着她刚才的话。
2. 面对歹徒,她一点也没有慌张,凭借自己的智慧,(机智/聪明)地逃脱了。

3. 我不喜欢这个人的行事风格,太(世故/成熟)了。
4. 每年的这个时候,公司都要(拓展/开展)各种各样的活动来活跃气氛。
5. 我会(永恒/永远)记住这个时刻。
6. 性格决定(宿命/命运)。
7. 她说着一口(娴熟/熟练)的英式英语。
8. 在这个雨雪(交织/交替)的天气里,几乎没有人出门。

二 请用下列成语填空:

不约而同　离乡背井　蓦然回首　各有所属
尘埃落定　顺理成章　淋漓尽致　如释重负

1. 对于他的最终离开,我感到的不是伤心,反而是(　　　　)。
2. 那么多农民(　　　　)来到北京,面对的却是城市人的冷漠和歧视。
3. 这件事总算是(　　　　),大功告成,我们可以松口气了。
4. 这篇小说讽刺那些"伪道学"的嘴脸可谓(　　　　),一针见血。
5. 我们为什么争吵呢?大家(　　　　),互不相干。
6. 经过10年的相处,他们(　　　　)地结为夫妇了。
7. 谁是最刻薄的人,大家(　　　　)地想到了他。
8. 总以为最爱自己的人还没出现,(　　　　)却发现其实他就在身边。

三 请说明句子中画线部分的含义:

1. 在经历众多的动作片、战争片、灾难片、恐怖片等类型影片的<u>狂轰滥炸</u>之后……
2. 香港电影为拓展制片范畴,……不免纷纷向内地<u>伸出触角</u>。
3. 为谋求生存而做出不懈努力和<u>挣扎</u>。
4. 轻易地赢得了观众们的<u>共鸣</u>。
5. 多了些生活<u>沧桑</u>。

四 词语搭配:

A	B
娴熟的	努力
不懈地	原则
恪守	爱情
演绎	市场
拓展	技艺

思考题

1. 你喜欢故事情节很强的还是很抽象的电影?
2. 你的想象中,中国的年轻人在40年前的生活是什么样子的?

阅读 二

《阳光灿烂的日子》:一代人破碎的梦

提示:对电影主人公的分析
时间:11分钟

  这是一部既普通又晦涩的电影,很难用一般的电影逻辑来看它,分析它。它没有传统意义上的人物关系、剧情推进,它始终是在一种无序的状态下发展开来的。它就像是一场梦,这个梦也许有些东西,也许是什么都没有。在这梦里,没有什么豪言壮语,没有什么惊天动地。其实,它只是一场梦,就是死在这梦里,醒过来的时候,你依然是好端端地坐在那儿。

  影片中的时代对我们这一代来说并没有任何的印象,仅有的那一点的记忆,也只是从书刊、报纸以及电视画面等传媒手段中获取的,当然,还有这部非同凡响的电影。影片里的描述好像没有我们想象中的那么可怕,那么骇人听闻,但它恰恰表现的是那个时代造成的最恐怖的后果:人的心灵所受的创伤。

  这是一代人的梦。实际上,处于那个时代的人是没有梦的,他们的灵魂寄托在于现实,他们对于未来的向往在于现实,太多的客观抑制了他们的主观世界,于是他们开始造梦,在生活中,在梦中。在这个过程中,他们在一步步地抛弃现实,进而在这世界里迷失自己。他们的梦没有根源,他们也不知道梦的尽头会是怎样,他们只是在这迷茫的世界里寻找,试图找回自己失去的曾经,找到自己的价值,可到头来他们找到的只是一场梦而已,在这梦被一场疾风暴雨惊醒的时候,他们才知道,一切都是真的。

童年的马小军希望成为战场上的英雄,长大后的他却是同他的一帮"兄弟"们混在凌乱的社会中。他是不可能成为英雄的。在那个时代,除非超脱已有的幻象,以自己的力量建立起一个新的时代取代现有的社会,要么就只能成为一条迷失在汪洋中的小船。马小军在一定意义上代表了一个时代的缩影,理想在时间的流逝中一点一点地被消磨殆尽,转而投向一种无根的寻找中去,于是,便有了米兰的出场。米兰是个人,但却是马小军思维中的一盏明灯,他的梦中有了这盏明灯而不再暗无天日,他的精神顿时有了支柱。这不是什么所谓的爱情,而是人在那个时代中寻找寄托的方式。米兰在马小军的头脑里并不是一个实体,她实际上是个虚的东西,只存在于梦中,而非真实。马小军为了这个虚无缥缈的梦苦苦地追寻着,他冒着生命的危险爬烟囱、打架,这不是要证明什么,不是在寻找什么,事实上是马小军对生活的彷徨和他个体的迷失,是人处于群体无意识状态中的自然流露。

马小军的执著逐渐变成了一种疯狂。由于刘忆苦与米兰的亲密让他感到了嫉妒——自己的灵魂寄托被夺走,那自己还怎么为自己造梦啊?!于是,他开始偏执、疯狂、歇斯底里。在他和刘忆苦的生日宴会上,马小军大骂米兰,还用破酒瓶扎在刘忆苦的小腹。影片到这里停住了,话外音传递给我们的是这样一个问题:这到底是他脑中的幻觉,还是真的呢?这是一个梦吗?如果是的话,那么以前所发生的一切又都是什么呢?是真实的,还是假的……它最直截了当地抛出了这个沉重的话题。人,作为个体,在社会处于群体无意识状态下的所作所为,是一种没有思想根基、没有规范准则的行为,就像是一群在街头上乱跑的人群,他们在拐弯抹角的空间里没有方向、没有目的地跑着,当他们跑完时,却发现自己根本不记得是怎么在跑,是怎么跑完的了。马小军是在跑,他是如此拼命地跑着,他找到了一个目标——米兰,但这个目标又是那么的不明确,是忽隐忽现的,一种新生的失落就使他沉迷于睡梦中,在巷道中迷茫,再回头又找不到来路。那么,他所经历的这些是幻觉还是真实?当然是真的,他没有梦,没有可供他做梦的温床,没有可供他做梦的思想来源。在那个错误不堪的年代里,留给人们的,只有心灵上惨不忍睹的创伤,以至于他们找不到思维的出路,只有封闭自己,在空洞的屋子里痛苦地寻求真实,但事实上,真实全在这屋子之外,这屋子只是个屋子,别无他物。

米兰走了,一代人的追寻目标消失了吗?在顾长卫那流畅、丰富的画面中,我们还在找着答案。马小军被那些"兄弟"们掩埋在水里,像跳舞曲一般地一上一下,但他的梦并没有结束,当昔日的老友重又聚在一起,聚在那宽敞的凯迪拉克里,当古伦木那铿锵的声音再一次回荡在他们耳边时,梦幻已经不再,阳光灿烂的日子也已经过去,有的只是不像以前那样狂放的生活,而是对往日混沌的记忆和现在真实的世界。

(选自电影完全手册网站2004年7月16日)

个人理解

1. 读完这篇文章,你觉得这部电影主要是写什么的?
2. 说出你阅读时最难懂的一段文字,谈谈你的初步理解。
3. 你觉得这篇文章作者的语言风格是什么样的?你喜欢这种风格吗?

阅读理解

一 请根据文章内容判断对错:
- ☐ 1. 作者对这部电影是持否定态度的,因为它非常难懂且混乱。
- ☐ 2. 作者认为,这部电影反映了特殊时代的人们恐怖暴力的一面。
- ☐ 3. 作者认为,这部电影反映了特殊年代人们的梦。
- ☐ 4. 作者认为,电影主人公马小军的理想在长大后已被残酷的现实消磨殆尽。
- ☐ 5. 作者认为,马小军对米兰做的一切都是出于明确的爱。
- ☐ 6. 通过作者的叙述,我们知道这部电影并没有明确的结局。
- ☐ 7. 作者认为,马小军在为一个梦奔跑,但是他实际上并不知道自己的目的是什么。
- ☐ 8. 作者认为,米兰这个人物的出现给电影增添了明亮的色彩。
- ☐ 9. 作者认为,这部电影反映出的那个时代带给人特别是少年人的心灵创伤是非常惨痛的。
- ☐ 10. 作者最后一段是想说明人最后还是得回到真实的现实世界来。

二 请再次阅读文章开始的三个自然段,回答问题:
1. 作者对这部电影的结构的评价有哪些?
2. 作者认为这部电影反映出的最主要的内容是什么?

三 请再次阅读从"人,作为个体……"到"这屋子只是个屋子,别无他物"这一段,回答问题:
1. 什么是群体无意识?请用课文中提出的一个比喻说明,然后说说你自己的理解。
2. 这段中"跑"、"目标"、"睡梦"分别代表什么?说说你个人的理解。
3. 这段中的"屋子"代表什么?请说说你个人的理解。

四 请列出在阅读时你关于这部电影要了解的问题,留待以后的练习中解答。

重点词语

晦涩	（形）	huìsè	hard to understand
无序	（形）	wúxù	out-of-order
豪言壮语		háo yán zhuàng yǔ	grandiloquence; brave and proud words
惊天动地		jīng tiān dòng dì	world-shaking
非同凡响		fēi tóng fán xiǎng	outstanding
骇人听闻		hài rén tīng wén	appalling
寄托	（动）	jìtuō	to put one's spirit on sth.
抑制	（动）	yìzhì	to restrain
迷茫	（形）	mímáng	lost
凌乱	（形）	língluàn	disorderly
超脱	（动）	chāotuō	be detached
幻象	（名）	huànxiàng	unreal image
消磨	（动）	xiāomó	to wear down
殆尽	（形）	dàijìn	almost exhausted
暗无天日		àn wú tiān rì	complete darkness
支柱	（名）	zhīzhù	prop
虚无缥缈		xū wú piāomiǎo	unreal
彷徨	（动）	pánghuáng	to walk back and forth
迷失	（动）	míshī	to lose ones' way
执著	（形）	zhízhuó	clinging
歇斯底里		xiēsīdǐlǐ	hysteria
温床	（名）	wēnchuáng	breeding ground
惨不忍睹		cǎn bù rěn dǔ	be too horrible to look
混沌	（名）	hùndùn	chaos

词语练习

一 词语搭配：

A	B
晦涩(的)	天空
无序(的)	感情
寄托	时光
凌乱(的)	语言
消磨	房间
混沌(的)	状态
消耗	殆尽

二 请在下列每组生词中找到两个近义词，然后说明每个词的区别：

1. 晦涩　晦暗　生涩　艰涩
2. 抑制　压制　控制　管制
3. 超脱　解脱　超然　洒脱
4. 幻象　假象　幻觉　幻想
5. 彷徨　徘徊　犹豫　惶恐
6. 迷茫　迷失　茫然　迷惑
7. 执著　固执　执迷　坚持

三 请用下列成语填空：

豪言壮语　惊天动地　非同凡响　骇人听闻
暗无天日　惨不忍睹　虚无缥缈

1. 十七八岁的女孩子多生活在(　　　　)的梦境中。
2. 没有什么(　　　　)，他就是这么默默地做着每一份工作。
3. 大货车冲上了马路，撞死了晨练的中学生，简直太(　　　　)了。
4. 被非法雇用的工人们每天过着(　　　　)的生活，工作的环境更是(　　　　)。
5. 等着吧，我一定要做出一件(　　　　)的大事情来让你们看看！
6. 18世纪的法国，发生了(　　　　)的大革命。

四 请说明下列词语的本义和引申义：

1. 支柱

   本　义：_____

   引申义：_____

2. 温床

   本　义：_____

   引申义：_____

五 请模仿例句造句：

1. <u>仅有</u>的那一点的记忆，<u>也只是</u>从书刊、报纸以及电视画面等传媒手段中获取的。

   你的句子：_____。

2. 影片里的描述好像没有我们想象中的<u>那么</u>可怕，<u>那么</u>骇人听闻。

   你的句子：_____。

3. 他是不可能成为英雄的。在那个时代，<u>除非</u>超脱已有的幻象，以自己的力量建立起一个新的时代取代现有的社会，<u>要么就只能</u>成为一条迷失在汪洋中的小船。

   你的句子：_____。

合作学习

请一起看一部电影，然后做练习：

1. 列出电影的主要人物关系表以及人物性格、情节简介。
2. 谈谈你们对这部电影印象最深的一部分。
3. 看完这部电影，你同意上文中作者的观点吗？为什么？
4. 你喜欢这部电影的叙事手法吗？为什么？

一 语段写作练习：

1. 请选择虚词填空(一词可用多次)。

因为 如同 而 也 才 正因为 不过 却 然而 因此 所 已经

（　　）持守信念，（　　）会伴随着在信念根基上衍生出来的疑惑，这就（　　）一个已经上路的旅人会常常思考自己行走的方向是否正确，（　　）选择的路径是否真能通往目的地；（　　）一个闲散滞留于原地的人，一个没有信念、（　　）不追求信念的人永远都是盲目的，没有梦想、没有目标，（　　）也就没有寻找的疑惑与困顿。信念是起点和终点，（　　）疑惑是其间的过程与路径。华姿(作家名)（　　）上路，在这途中思索、张望、犹疑，她怀疑自己（　　）是"一个茫然的看客。一个永久的找不到答案的追问者。一个在中途行走，（　　）永远达不到目的的独语者。"（　　）她始终没有停步或偏离，（　　），"大地茫茫，宇宙浩渺，我的寻找本身就是那唯一的最珍贵的果仁。"

2. 请看一段电影，用分析性的文字总结这段电影(《孔雀》)。
在这段电影中，主人公_____，导演用_____的手段表现了_____。

二 语篇写作练习：

给一部电影写影评。
要求：
　　1. 可采用任何一种写作方法(评论人物、结构、风格、导演手法……)
　　2. 字数：800～1200 字

从这一课你学到了什么？

1. _____

2. _____

第四课

学习目的

1. 内容提示：体育精神与体育强国
2. 写作要求：演讲稿的写作

思考题

1. 你喜欢体育运动吗？
2. 你觉得体育运动和人类精神的关系是什么？

阅读 一

奥林匹克精神

 提示：注意文章中没有比喻词的比喻手法

 时间：13分钟

联邦主席先生，女士们，先生们：

5年前，来自世界各国的代表聚会在巴黎——1894年宣布恢复奥林匹克运动会的地方——同我们一起庆祝恢复奥林匹克运动会20周年。在过去的这5年内,世界崩溃了。虽然奥林匹克精神经历了这5年内所发生的一切,但是,她没有恐惧、没有斥责,也没有成为这场劫难的牺牲品。豁然开朗的前景证明,一个崭新的重要角色正等待着她。

奥林匹克精神为逐渐变得镇静和自信的青年所崇尚。随着昔日古代文明力量的逐渐衰退,镇静和自信成为古代文明更宝贵的支撑,它们也将成为即将在暴风雨中诞生的未来新生文明必不可少的支柱。现在,镇静和自信却不是我们的天然伙伴。人自幼就开始担惊受怕,恐惧终身伴随着他,并在他走近坟墓时猛烈地将他击倒。面对如此擅长扰乱他工作和休息的天敌,人学会了反对勇气这一曾为我们的祖先所崇尚的品德。你能想象当代人让勇气之花在他们手中凋谢吗?我们知道今后该如何去思考这个问题。

但是,勇气仅是造就时势英雄的尚武德行。正如我以前在一篇教学论文中所说的,根除恐惧的真正良药是自信而不是勇气。自信总是与它的姐妹镇静相辅相成。因此,我们再回头来看刚才提到的奥林匹克精神的实质以及把奥林匹克精神同纯粹的竞技精神区别开来的特性。奥林匹克精神包括但又超越了竞技精神。

我想对这一不同之处作出详细阐述。运动员欣赏自己作出的努力。他喜欢施加于自己肌肉和神经上的那种紧张感,而且因为这种紧张感,即使他不能获胜,也会给人以胜利在望的感觉。但这种乐趣保留在运动员内心深处,在某种程度上只是自得其乐。那么设想一下当这种内心的快乐向外突发与大自然的乐趣和艺术的奔放融合在一起,当这种快乐为阳光所萦绕,为音乐所振奋,为带圆柱形门廊的体育馆所珍藏时,该是何等情景呢?这就是很久以前诞生在阿尔弗斯(Alpheus)河岸边的古代奥林匹克精神绚丽的梦想。在过去几千年里,正是这一迷人的梦想使古代世界凝聚在一起。

现在,我们正处于历史的转折关头。人类渴望进步,但又常常因某个正确思想被

夸大而被引入歧途。青少年往往为陈旧、复杂的教学方法，愚蠢的放纵和鲁莽的严厉相交替的说教，以及拙劣肤浅的哲学所束缚而失去平衡。我想这就是为何要敲响重开奥林匹克时代的钟声的原因。人们早就希望能够复兴对强健肌肉的献祭。我们把盎格鲁—撒克逊人(Anglo-Saxons)的运动功利主义同古希腊留传下来的高尚、强烈的观念结合起来，开辟奥林匹克新时代。在对纽约和伦敦举办奥运会的现实可能性做出评估后，我为这一意外的合成物向不朽的希腊祈求一剂理想主义的良药。先生们，这就是15年的成就于今天凝成的杰作——刚才你们还向她表达了敬意。

如果你们的赞美之词是向为之工作的人说的，我将感到羞愧。这个人没有意识到他应受这样的赞扬，因为他仅仅是凭一种比其意识还强大的直觉在行事。但他愉快地接受对奥林匹克理想的赞美之辞，他是这一理想的第一个信徒。

我刚才回忆起1914年6月的庆典。当时，我们似乎是在为恢复奥林匹克的理想变成现实而庆祝。今天，我觉得又一次目睹她含苞怒放，因为从现在起，如果只有少数人关心她的话，我们的事业将一事无成。在过去，有这些人也许就够了，但今天则不然，需要触动怀有共同兴趣的大众。事实是，凭什么把大众排除在奥林匹克精神之外呢？凭什么将一个青年男子的形体美和强健的肌肉、坚持锻炼的毅力和获胜的意志，同他祖先的名册或他的钱包联系起来呢？这样的矛盾虽然没有法律依据，但的确要比产生这些矛盾的社会更具生命力。也许该有一个由凶暴的军国主义支持的专制法令给它们以致命的打击。

面对一个需要根据迄今仍被认为是乌托邦式的，但现在已成熟即可被使用的原则进行整顿的全新世界，人类必须吸收古代留传下来的全部力量来构筑未来。奥林匹克精神是这种力量之一，因为事实是仅有奥林匹克精神不足以确保社会和平，不能更加均衡地为人类分配生产和消费物质必需品的权利，甚至也不能够为青少年提供免费接受智力培训的机会，使他们能够保持自己的天赋，而不是停留在其父母生活的那种境况。但是，奥林匹克精神将依法为人类追求强健的肌肉所需要。强健的肌肉是欢乐、活力、镇静和纯洁的源泉。奥林匹克精神必将以现代产业发展所赋予的各种形式为地位最低下的公民所享受。这就是完整、民主的奥林匹克精神。今天我们正在为她奠定基础。

这次庆祝仪式是在极为祥和欢乐的气氛中举行的。古老的赫尔维希亚(Helvetion)联邦最高委员会及其尊敬的主席、被上帝和人类所爱的沃州(Vaudois)地区的资深代表、这个最慷慨和热情好客的城市的领导人士、享誉世界的歌星以及一支精心挑选的朝气蓬勃的体育队伍聚集在这里,为这次盛会树立了历史性、公民精神、自然性、青春和艺术性五重声誉。

愿喜爱勇敢者的幸运之神厚待比利时人民。不久前,比利时在申办明年的第七届奥运会这一殊荣时做出了高贵的姿态。

目前的时势依然很严峻。即将破晓的黎明是暴风雨过后的那种黎明,但待到日近中天时,阳光会普照大地,金色的玉米又将沉甸甸地压在收获者的双臂。

(选自顾拜旦著名演讲,新浪网 2004 年 10 月 9 日)

个人理解

1. 阅读这篇文章时,你感受到演讲者的哪种感情?
2. 你对这篇文章的哪一部分感触最深?

阅读理解

一、请快速阅读全文,给文章划分段落,并总结段落大意。

二、请仔细分段阅读,回答下列问题:
 1. 奥林匹克精神和竞技精神有什么不同之处?
 2. 奥林匹克精神之于世界的重大作用。

3. 我们为什么要重振奥林匹克精神?
4. 请根据文章提供的内容和你自己的理解,说明什么是奥林匹克精神的实质?

三 请理解下列句子的含义:

1. 镇静和自信却不是我们的天然伙伴。人自幼就开始担惊受怕,恐惧终身伴随着他,并在他走近坟墓时猛烈地将他击倒。
2. 你能想象当代人让勇气之花在他们手中凋谢吗?
3. 凭什么将一个青年男子的形体美和强健的肌肉、坚持锻炼的毅力和获胜的意志,同他祖先的名册或他的钱包联系起来呢?
4. 即将破晓的黎明是暴风雨过后的那种黎明,但待到日近中天时,阳光会普照大地,金黄色的玉米又将沉甸甸地压在收获者的双臂。

四 请画出下列句子的主语、谓语、宾语:

1. 它们也将成为即将在暴风雨中诞生的未来新生文明必不可少的支柱。
2. 我们再回头来看刚才提到的奥林匹克精神的实质以及把奥林匹克精神同纯粹的竞技精神区别开来的特性。
3. 面对一个需要根据迄今仍被认为是乌托邦式的,但现在已成熟即可被使用的原则进行整顿的全新世界。

 重点词语

崩溃	（动）	bēngkuì	to collapse
劫难	（名）	jiénàn	disaster
牺牲品	（名）	xīshēngpǐn	sacrificial lamb
豁然开朗		huòrán kāilǎng	be suddenly enlightened
天敌	（名）	tiāndí	natural enemy
凋谢	（动）	diāoxiè	to fade
相辅相成		xiāng fǔ xiāng chéng	supplement each other
在望	（动）	zàiwàng	to be in sight
自得其乐		zì dé qí lè	be content with one's a lot
萦绕	（动）	yíngrào	to hover; to linger

绚丽	（形）	xuànlì	florid
转折	（名）	zhuǎnzhé	turn
放纵	（形）	fàngzòng	self-indulgent
鲁莽	（形）	lǔmǎng	rude and rash
拙劣	（形）	zhuōliè	inferior
祭	（动）	jì	to offer sacrifice to
功利主义		gōnglì zhǔyì	utilitarianism
开辟	（动）	kāipì	to open up
信徒	（名）	xìntú	disciple
含苞怒放		hán bāo nù fàng	in full bloom
一事无成		yī shì wú chéng	accomplish nothing
军国主义		jūnguó zhǔyì	militarism
专制	（名）	zhuānzhì	autarchy
致命	（形）	zhìmìng	vital
乌托邦	（名）	Wūtuōbāng	Utopia
朝气蓬勃		zhāoqì péngbó	full of youthful spirit
厚待	（动）	hòudài	to treat generously
殊荣	（名）	shūróng	unusual glory
破晓	（名）	pòxiǎo	dawn
沉甸甸	（形）	chéndiàndiàn	heavy

词语练习

一、组词：

1. 鲁莽的（　　　　） 2. 拙劣的（　　　　）

3. 致命的（　　　　） 4. 专制的（　　　　）

5. 绚丽的（　　　　） 6. 沉甸甸的（　　　　）

二、请说明下列词语的本义和引申义：

1. 牺牲品

　　本义：＿＿＿＿＿＿＿＿＿＿＿＿＿＿＿＿＿＿＿＿＿＿＿＿＿＿

　　引申义：＿＿＿＿＿＿＿＿＿＿＿＿＿＿＿＿＿＿＿＿＿＿＿＿＿

2. 天敌
   本义：_____
   引申义：_____

3. 信徒
   本义：_____
   引申义：_____

4. 破晓
   本义：_____
   引申义：_____

三 请用下列生词填空：

> 崩溃　在望　转折　放纵　开辟　厚待　殊荣

1. 坚持住,已经成功(　　　)了。
2. 任何时候都不能(　　　)自己,要严格要求自己。
3. 公司急需(　　　)一条新航道运输原油。
4. 他以自己辛勤的劳动和丰硕的成果获此(　　　)。
5. (　　　)这个孩子,给他最好的东西。
6. 他的歌声太恐怖了,我听得都快精神(　　　)了。
7. 1978年是中国经济的一个(　　　)点。

> 豁然开朗　相辅相成　自得其乐　一事无成　朝气蓬勃

8. 听、说、读、写这几项技能在语言的学习中是(　　　)的。
9. 老人每天遛鸟、唱京剧、下棋,(　　　)。
10. 年轻人永远是(　　　),精力充沛的。
11. 经过长时间的思索后,他(　　　),终于明白了其中的道理。
12. 我都快40岁了,可还是(　　　)。

请合作查找资料,找出到2008年为止,历届奥林匹克运动会的举办时间和主办城市。

思考题

1. 你觉得这个世界上哪些国家是体育大国？
2. 在你们国家，哪个体育项目比较普及？

阅读 二

谁是体育大国

提示：注意文章中的对比描述
时间：10分钟

今年的奥运会，我是在加拿大看的。确切地说，是在网上看的。加拿大人似乎并不关心希腊奥运会。比起中国人狂揽金牌，堂堂的世界大国加拿大，至今为止只有一块金牌。不过，假如你以为加拿大人不喜欢体育，那就大错特错了。

刚到温哥华，让我惊讶的是，这里的公共绿地如此之多。我所居住的社区，无论往东、西、南、北，只要步行十来分钟，都有一块绿茵葱葱的有两个足球场那么大的park。平时安静得如一湖绿水。一到傍晚或周末，就热闹起来。足球、橄榄球、飞碟赛、棒球——身着鲜艳运动服的年青男女们，一本正经地举行着他们自己的奥运会，一样有正式的裁判，有犀利的哨声 但不会有黑哨，一切纯粹是生活中的娱乐。

这些保养得不错的park，除了少数几块标明只限于本社区居民外，大部分都对公众开放。每一个人——不管你是富人还是穷人，都可以免费享用。人们虽然不关心奥运会，但每天都在运动：划船、滑雪、打球、游泳、跑步。加拿大虽然是一个金牌小国，却是一个道道地地的体育大国。

然而,咱们中国却刚刚倒过来,奥运会上扬眉吐气,体育却与普通老百姓的日常生活越来越远。农村是不必说了,我不知道在那些贫穷的山村里,是否会有一张乒乓台、一个篮球架。即使在上海、北京、广州这样的大都会里,假如你是一介平民的话,又到哪里去打一场球、跑几个圈?几乎所有的公共体育场所,都不向纳税人免费开放。学校一到暑期,铁门关得紧紧的,不要说周围居民,连自己的学生进去,都颇费周折。而许多社区俱乐部、小区会所,虽然运动场地和器材一应俱全,但往往收了物业管理费,还要业主去办一张收费的金卡。城市的空间越来越逼仄,公园被不断地蚕食,马路上充满了有害的汽车尾气。偌大的都市,连一个理想的跑步空间都难以寻觅。

在加拿大,当然不是所有的体育场所都免费,比如公共游泳池、高尔夫球场。但即使是这些经营性场所,也充分考虑到一般平民的承受能力。我住处附近有一处高尔夫球场,在里面挥拍自娱的,竟然不是在国内时见惯了的老板、金领,而是一般的阿公阿伯。原来,在这里玩一次高尔夫,也不过是一天的饭钱而已。

加拿大是高福利、高税收的国家,财政有了钱,不是养少数体育尖子,让他们到奥运会上拿金牌,而是切切实实地用在纳税人身上,打造舒适的、遍及各个角落的公共体育场所和设施,让全体国民、特别是一般穷人也像富人那样,有资格享受各种运动,享受空气、阳光和绿茵。体育,在这里不是展现国家强盛的工具,而是日常生活的一部分,所有国民生活中不可缺少的、实实在在的一部分。

我在加拿大看奥运,心情是复杂的,我为中国的每一块金牌而骄傲,又为中国人为金牌所付出的代价而悲哀。中国的体育,从基层到中央,从少年体校到国家队,好像只有一个目的:到奥运会拿金牌。国际上拿不到的,也要到国内的小奥运——全运会上抢牌子。除此之外,别无目的。于是,体育只剩下一个意义:一切为了竞标,一切为了胜利。因此也形成了一个赢者通吃的残酷规则,拿了金牌,成为人上人,而其余人,通通变成了失败者,包括亚军在内,只配享受残羹剩饭。至于体育本身的意义,体育与普通国民的关系,不再有人关心,也不再当回事情。好像我们只能通过奥运、通过金牌、通过国家的荣誉,才能体会体育本身的乐趣。

悲哉!奥运不过四年一回,但国人的生活,是天天要过的。为了那几块小小的金牌,我们值得牺牲那么多,将运动从我们的日常生活中放逐出去么?假如奥运的金牌与国民的体育真的是那样冲突的话,我宁愿中国像加拿大那样,做一个奥运金牌的小国,而成为道道地地的体育大国。

(选自许纪霖《谁是体育大国》,《南方都市报》2004年8月26日)

个人理解

1. 你同意文章中作者的观点吗?
2. 你觉得这篇文章的写作手法怎么样?

一、请仔细阅读全文,完成下列表格:

	奥运会金牌	国内公共体育设施数量	国内体育设施收费情况	政府对待体育的态度
加拿大				
中国				

二 请仔细阅读最后两个自然段，总结作者的观点。

 重点词语

狂揽	（动）	kuánglǎn	to gain madly
堂堂	（形）	tángtáng	grand
大错特错		dà cuò tè cuò	off base
绿茵	（名）	lǜyīn	grassland
犀利	（形）	xīlì	sharp
黑哨	（名）	hēishào	black whistle
保养	（动）	bǎoyǎng	to take good care of one's health
扬眉吐气		yáng méi tǔ qì	hold one's head high
纳税		nà shuì	ratepaying
颇费周折		pō fèi zhōuzhé	gain not smoothly
一应俱全		yī yīng jù quán	from soup to nuts
物业	（名）	wùyè	property
业主	（名）	yèzhǔ	owner
逼仄	（形）	bīzè	narrow
蚕食	（动）	cánshí	to encroach
尾气	（名）	wěiqì	tail gas
偌大	（形）	ruòdà	of such a size
自娱	（动）	zìyú	to amuse oneself
福利	（名）	fúlì	welfare
尖子	（名）	jiānzi	the best of its kind
切切实实	（形）	qièqiè shíshí	practically
人上人		rén shàng rén	outstanding person
残羹剩饭		cán gēng shèng fàn	remains of a meal
放逐	（动）	fàngzhú	to exile

词语练习

一 请用本课生词替代画线部分：

1. 他是这个班里学习<u>最棒的</u>。（　　　）
2. 生活的空间越来越<u>狭小紧张</u>。（　　　）
3. 这个国有企业就这样被这些腐败分子<u>一点一点地侵占掉</u>了。（　　　）
4. <u>这么大</u>的一个世界，竟然没有我的容身之处。（　　　）
5. 他一心要做一个<u>比所有人都生活得好的人</u>。（　　　）
6. 由于没有及时抢占市场，这家公司只能拣食一些<u>人家剩下的东西</u>了。
   （　　　）

二 请用下列生词填空：

　　狂揽　堂堂　大错特错　保养　扬眉吐气
　　颇费周折　一应俱全　切切实实　放逐　犀利

1. 找这个地方可真是（　　　　　），我足足找了一整天。
2. 别看这是家小超市，可是各种商品（　　　　　）。
3. （　　　　　）一个大男人，竟然打女人！
4. 今年我们要（　　　　　）地做好几项工作，使群众得到实在的好处。
5. 鲁迅的文章语言（　　　　　），鞭辟入里。
6. 三十年后，他衣锦还乡，终于（　　　　　）了。
7. 如果你以为我不敢离开，那你就（　　　　　）了。
8. 这个女人（　　　　　）得非常好，看起来也就 25 岁的样子。
9. 在这次运动会上，清华大学代表队（　　　　　）奖牌。
10. （　　　　　）心灵，是很多诗人的愿望。

三 生词表中出现"黑哨"这样的词语，请解释这个词语的意思，并且写出其他至少 5 个这类的词语：

1. 黑（　　　）　　2. 黑（　　　）
3. 黑（　　　）　　4. 黑（　　　）
5. 黑（　　　）

合作学习

请与其他同学讨论一下,然后总结:
体育是否代表一个国家的国力?

一 语段写作练习：
请写出所有你能想到的描写人类精神世界的词语。

二 语篇写作练习：
以"……的精神"为题目，写一篇800字的演讲稿。

 相关链接 ▶▶▶▶

请买一份中文体育报纸，了解一些体育界最新动态。

从这一课你学到了什么？

1. _____
2. _____

综合练习(一)

第一部分 词语练习

一 请选择正确汉字：

摆(步、布)　　　　　　(孜孜、滋滋)以求
(爆、暴)发　　　　　　亏(损、陨)
卑躬(屈、曲)膝　　　　(溃、匮)乏
变本加(历、厉)　　　　连篇累(牍、读)
(秉、承)性　　　　　　旁门(左、佐)道
(查、察)封　　　　　　签(暑、署)
出(宠、笼)　　　　　　勤(俭、检)
(兑、对)现　　　　　　(容、融)合
赋(予、与)　　　　　　如火如(荼、茶)
干(予、预)　　　　　　深(喑、谙)
管(制、治)　　　　　　受(惠、慧)
过(尤、犹)不及　　　　(溯、朔)源
浩(劫、却)　　　　　　土(住、著)
积(垫、淀)　　　　　　悉随尊(便、变)
交(峰、锋)　　　　　　狭(隘、谥)
焦头(烂、乱)额　　　　蓄谋(已、以)久
劫富(济、急)贫　　　　(训、驯)服
(节、截)然相反　　　　(渔、鱼)翁得利
(津津、斤斤)乐道　　　(营、赢)利
精(髓、遂)　　　　　　(源、渊)远流长
(窠、巢)臼　　　　　　主(指、旨)
可见一(班、斑)　　　　左(倾、顷)

二 请区分下列成语，然后完成表格：

卑躬屈膝　变本加厉　不甚了了　耳熟能详　纷至沓来　冠冕堂皇

综合练习(一)

过犹不及　虎视眈眈　家喻户晓　焦头烂额　截然相反　津津乐道
尽人皆知　连篇累牍　令人发指　旁门左道　如火如荼　喜闻乐见
信誓旦旦　颐指气使　源远流长　约定俗成

褒义词	
贬义词	
中性词	

三 词语搭配。

A	B
颁发	决心
爆发	君主
查封	出场
阐述	奖章
出让	战争
动摇	端倪
露出	匮乏
辅佐	问题
赋予	滑坡
高调	货物
经济	理由
回避	房屋
积压	财产
物资	暴利
滥用	规则
谋取	影响
纳入	国家
施加	规范
振兴	权力
遵循	荣誉

四 请说明下列词语在句子中的意思：

1. 假期里，很多人上各种各样的补习班来给自己充电。
2. 我们公司的工作时间是弹性的。
3. 在独裁者的高压统治下，人们没有任何自由。
4. 最近报纸上热炒这个事件。
5. 小李自称对爱情免疫。
6. 他们的感情还刚在萌芽阶段，就被扼杀了。
7. 有些外国产品到了中国之后水土不服，因此销路并不好。
8. 什么时候让我也演部电影风光风光。
9. 高科技其实是把双刃剑。
10. 产生这样的后果，你作为领导者是脱不了干系的。
11. 计划搁浅了。
12. 公司里真正的北京土著并不多。
13. 他的话在我的脑海里留下了深深的烙印。

第二部分 阅读写作练习

论人性

人性善与恶的争论，是人文科学所面临的最基础、最重要的问题之一。基督教信奉"原罪"的人性观，不免过于消极悲观。中国人则是一厢情愿乐观地认为"人之初，性本善"。

仔细考查一番，就会发现人性原来很复杂。人性之中既有"好"的因素又有"坏"的成分。孟子的"食色，性也"只是讲了人的肉体物质欲望部分，还远远不够全面。马克思在他的学说中仅仅提到了人的自然属性和社会属性，唯一没有明确的是人性的善与恶的问题。这样，在人的自私贪欲和社会公德发生冲突的时候，伦理道德就会显得无能为力。

综合练习(一)

"性",用说文解字的办法来解释,就是"生存之心",即人类保存与延续物种的天然习性,是人类生存和繁衍的一种本能。复杂的人性包含了两个基本方面:一是生存和繁殖的驱动力量,是人们主动追求和期望满足的,追求不到或无法满足人就会痛苦和失望,叫做"元欲";一是自觉回避不良环境和有害行为方式的自我保护机制,是人们从后天社会生活经验总结出的"知道某类性格因素会对生存产生危害而极力回避之"的理性,不妨叫做"元恶"。人性中的"元恶",常常使人在心灵上受到懊悔、痛苦与焦虑的折磨但是又毫无摆脱办法。

人性中的"元欲"分为三个部分:

第一是食欲。人体必须消耗食物、获取能量才能维系个体的生命。也只有个体生命的存活,才会维持整体物种的不灭。

第二是性欲。性欲的存在,保证了男人和女人之间维系着强烈的情感亲和力,是促使人类进行人口生产制造的强大动力。如果人类在性行为中获得不了快乐,就不会有人去结婚组织家庭。那样,男人会嫌弃家庭的拖累,女人会畏惧生育的痛苦和危险,新的生命从哪里来补充呢?有社会学家认为,"性行为是一个人给另一个人带来快乐的好事,是一种关系第三者(子女)生命诞生的利他行为。"性欲的存在乃自然界与人类之间的一笔交易,人类从性活动中获得了快乐,同时完成了繁衍物种的任务。只有物种生生不息地延续下去,宇宙才不会是一团死寂,"上帝"才不会寂寞。"上帝"给人们快乐以诱使他们进行自身的生产以此来延续物种。正常的性欲乃是一种神圣和高尚的情趣,本身绝无什么可耻和下流之说。如果基督教把人类的受命于自然界的欲望称为原罪的话,就是对人类的一种自我污蔑和轻贱,给人们造成不必要的心理压力(犯罪感)。

第三是求知的欲望。由于人类对于大自然和自身生命有一种天生的好奇心,所以人类试图探知宇宙存在着的万事万物是什么和为什么。正是因为求知欲的存在,人类才产生了文明,从其他动物中独立出来,在通往宇宙智慧的大道上不断地开拓前进。求知欲,是人类所区别于其他动物的根本特征,这是人类唯一不需要去加以任何限制的欲望。

总之,人的食欲、性欲同动物一样,既说不上高尚,也绝不卑劣,都属于动物繁殖保存物种意义上的。而人区别于其他动物的地方乃在于人类主动追求智慧。今天的人类比起十万年前的人类来,生理上没有多大区别,唯一的区别是我们的知识因为历史上的积累而增加了。狼吃羊吃了个地久天长,但狼依旧是无知的野兽,没有智慧上的增加。所以,追求智慧是生命在进化意义上的特征。

至于人性中"元恶",也有相应于"元欲"的三个方面,按照顺序依次是:

第一、恐惧。恐惧是人类最强烈的情感之一,是人类对痛苦和死亡的忧虑,是人们因为生活的不确定性所导致的紧迫感,是人类面对自然界中尚未认识而人力又无从控制的现象而产生的危机感,佛教中所说的"苦谛"即此。懒惰作为恐惧的一种表现形式,根源于人们对于肉体劳作和脑力消耗产生的痛苦和疲劳的畏避。同时,人们常常害怕行为失败会给自己的自尊和自信带来打击而产生挫折感,因而放弃行动无所作为,这也是懒惰的根源之一。综合以上,我们不妨将懒惰归为恐惧的一种。

第二、嫉妒。嫉妒是人类渴望获得社会认同感的心理需求,希望别人能够做到的事情自己也可以做到,别人拥有的自己希望同样拥有,并且潜藏着要比别人优越的期待。嫉妒的实质是想独占生存优势,只有在生存竞争之中具有更大的优势,才能提高自己生命存活的安全系数。嫉妒又是因为真切地知道自己无能因而缺乏自信的表现。嫉妒之人不希望看到别人比自己强大和优越,同时不愿意通过自身的实际努力来赶超,而是满心思地盼着别人倒霉。这样,嫉妒者是从他人由于懈怠、错误和不幸导致的优势下降中,得到了自己竞争能力相对升高的实现。从幸灾乐祸中获得心理的平衡,是一种廉价的自我价值的实现,获得的只是虚假的自我陶醉。

第三、任性。人类试图通过控制别人而体现自己优越感,就表现为任性。任性是为了获得他人无条件的尊重,是领袖支配欲的一种具体表现。不管自己的意见是否正确,一切都是"我说了算数"。明知到自己的行为可能失误而不计后果的冒然用事,容不得不同的意见,以此体现自己的绝对权威。任性是动物生存竞争的原始动力,是高等动物炫耀生命尊严和优胜的途径之一。

任何事物都同时具有积极和消极的一面,人性也是如此。

人类的基本欲望维持了物种的保存,但是对于食欲和性欲不加以理智的克制就会影响身体的健康。当然,压抑导致性饥渴则是根本错误的。没有压抑就不会有放纵,就不会从一个极端走向另一个极端。对于人类生命个体来说,生理上成熟之后,还长期性压抑的话,就会导致体内的荷尔蒙激素偏多。人们如同犯了毒瘾一般,心理上长期处于一种焦虑状态,就会影响人的身心健康。

同样,人类所鄙弃的性格特征也有对保存物种积极的方面。

因为人们对于危险的回避,才利于生命的自我保护。否则,没有恐惧,人们会变得麻木不仁。因此,恐惧乃是生物的自我保护机能。苏格拉底在论述勇敢时说:智者是因为害怕更大的危险才不去回避一些小的次要的危险。因此,常人是因为恐惧而变得勇敢。只是一般的人很难知晓更大的危险在哪里,也不会去相信它们会真地发生。懒惰的产生是因为人们对于体力劳动带来肉体痛苦的回避和对于脑力劳动疲劳的厌倦。正因为此,人们在长期的劳动过程中,通过充分的接触实际,被迫开动脑筋,发明创造了诸多巧妙的方法来提高劳动效率,减少劳动强度。为了"偷懒"人们发明了机械以替代体力劳动,为了"省心"人们发明了电脑来提高思想生产的效率。又因为嫉妒和任性,人类为体现自己优越感,常常把它们用做向上的车轮,勉励自己不断地进取。

所以,人性中"好"与"坏"的因素其实并无一个绝对明晰的界限,关键的所在乃是理性地把握一个"度"的问题。正确地认识现实存在的问题,对于"欲望",不回避,不放纵,满足了才会超越;对于人们鄙弃的性格特征,同样保持宽容豁达的态度。总之,一切都需要智慧来做裁判。

如此分析,我们知道人性是极其复杂的,非善即恶只是简单粗糙的思维方式。"元欲"和"元恶"都是自然赋予人类保存物种和促进生命进化的动力源泉。"元欲"与"元恶"对人类所起的作用,是积极,还是消极,需要通过智慧去把握。

阅读练习

一、请阅读文章,然后给文章划分段落,总结大意:

第一部分:从第_____自然段到第_____自然段
大意:

第二部分:从第_____自然段到第_____自然段
大意:

第三部分:从第_____自然段到第_____自然段
大意:

第四部分:从第_____自然段到第_____自然段
大意:

二、请阅读完文章之后,写一个200字左右的摘要,说明作者观点。

请写一篇1500字左右的议论文：

题目：人性究竟本善还是本恶

第三部分 反思学习

一 对照目标总结上一阶段的学习：

认识上的改变	实际上的进步	面对的困难	克服困难的方法

二 新的目标：

1. _____

2. _____

3. _____

第五课

学习目的

1. 文化的概念以及对思维方式的影响
2. 写作要求：对学术概念的阐释

思考题

1. 你认为什么是文化？或者说文化包括哪些方面的内容？
2. 你认为文化对思维有哪些影响？请举例说明。

阅读

文化的概念及分类

 提示：列举与总结
时间：11分钟

什么是文化？这一概念一直是有争议的，中国人论述文化，比西方人要早得多，《周易》有所谓："观乎天文以察时变，观乎人文以化成天下。"这大概是中国人论述"文化"之始，但其中"文化"一词尚未连在一起。在此时的中国人的观念中文化的含义是,通过了解人类社会的各种现象,用教育感化的方法治理天下。到汉朝,"文化"一词正式出现,其含义也与现在人们通常理解的不一样,指的是国家的文教治理手段。到唐代,大学问家孔颖达则别有见地的解释《周易》中的"文化"一词,认为"文化"主要是指文学礼仪风俗等属于上层建筑的东西。

西方人论述"文化"要比中国人晚,但比中国古文献中的论述要广泛、科学。西方语言中的culture,出现在1690年安托万·菲雷蒂埃的《通用词典》中,其定义为"人类为使土地肥沃,种植树木和栽培植物所采取的耕耘和改良措施",并有注释称:"耕种土地是人类所从事的一切活动中最诚实、最纯洁的活动。"看来,此时西方人观念中的"文化"只是被用来隐喻人类的某种才干和能力,是表示人类某种活动形式的词汇。而"文化"一词成为一个完整体系的表示方式,即术语,大约要到19世纪中叶才形成,这以后,文化和文明常被看作是同一事物的两个方面。学者们从人类学和社会学的角度探讨文化现象及其历史发展,给"什么是文化"做了许多解释,其中较有影响的观点有三种:第一种是方式论,即认为文化是一定民族的生活方式,是一种并非由遗传而得来的生活方式。这里包括了人们的兴趣、爱好、风俗、习惯,强调了文化的继承性。譬如,美国著名文化人类学者鲁斯·本尼迪克特的"文化"定义是:"文化是通过某个民族的活动而表现出来的一种思维和行动方式,一种使这个民族不同于其他任何民族的方式。"第二种是过程论,即认为是人类学习和制造工具,特别是制造定型工具的过程,这里包含了人类智力和创造能力的不断进化,强调了文化的演进性。第三种是复合论,即认为文化是作为社会的一个成员所获得的包括知识、信仰、艺术、音乐、风俗、法律以及其他种种能力的复合体,这强调了文化的镕铸性,譬如伟大的

人类学家爱德华·泰勒在其《原始文化》一书中说："文化"是人类在自身的历史经验中创造的"包罗万象的复合体"。

马克思主义理论学者对文化作了一种新的解释，把文化分为广义和狭义两种。罗森塔尔·尤金所编的《哲学辞典》认为文化"是人类在社会历史实践过程中创造的物质财富和精神财富的总和"，这就是所谓"广义"的文化，而与之相区别的"狭义"的文化则是专指精神文化而言，即社会意识形态以及与之相适应的典章制度、政治和社会组织、风俗习惯、学术思想、宗教信仰、文学艺术等。

除以上各种解释外，尚有符号说、限定说等各种说法。

1952年，美国文化学家克罗伯和克拉克洪发表《文化：概念和定义的批评考察》，对西方自1871年至1951年期间关于文化的160多种定义做了清理与评析，并在此基础上给文化下了一个综合定义："文化由外显的和内隐的行为模式构成；这种行为模式通过象征符号而获致和传递；文化代表了人类群体的显著成就，包括他们在人造器物中的体现；文化的核心部分是传统的(即历史的获得和选择的)观念，尤其是他们所带来的价值；文化体系一方面可以看作是活动的产物，另一方面则是进一步活动的决定因素。"这一文化的综合定义基本为现代东西方的学术界所认可，有着广泛的影响。

综上所述，什么是文化至今仍是一个相对模糊，争议较多的概念。但其中有一点是大家都明确的，即文化的核心问题是人，有人才能有文化，不同种族、不同民族的人有不同的文化。

一般来讲，人们把"文化"分做三个层次：即观念文化、制度文化和器物文化。所谓观念文化，主要是指一个民族的心理结构、思维方式和价值体系，它既不同于哲学，也不同于意识形态，是介于两者之间而未上升为哲学理论的东西，是一种深层次的文化。所谓制度文化，是指在哲学理论和意识形态的影响下，在历史发展过程中形成的各种制度。它们或历代相沿，或不断变化，或兴或废，或长或短，既没有具体的存在物，又不是抽象的看不见，是一种中层次的文化。所谓器物文化，是指体现一定生活方式的那些具体存在，如住宅、服饰等，它们是人的创造，也为人服务，看得见，摸得着，是一种表层的文化。

(选自谷风《文化的概念与分类》，古代希腊文化网站2003年11月27日)

个人理解

1. 文章中介绍的关于"文化"的定义,你同意哪种?不同意哪种?
2. 你认为这篇文章作者是用什么样的方法解释这个概念的?你觉得这种方法怎么样?
3. 在没有学这篇文章之前,如果要你解释一个概念,你会采用什么样的方法?

阅读理解

一、请快速阅读全文,找出文章中作者所使用的所有用来下定义的词语和结构。

二、请仔细分段阅读,完成练习:

1. 请阅读第 1 自然段,总结在中国"文化"定义的起源与发展。
   最早的"文化"一词出现在_____,意思是_____,此时的文化还没有_____。
   "文化"一词在中国正式出现,是在_____,意思是_____。
   到了唐朝,对于"文化"的论述主要是之_____。

2. 请阅读 2—5 自然段,总结西方"文化"概念发展的大致过程以及"文化"的定义。
   在西方,"文化"概念发展的历史是:_____。
   在西方,对"文化"这个概念的诠释有:_____。

3. 请阅读文章最后一个自然段,说明现代社会人们对"文化"这个概念的普遍认识。
   最表层的文化是_____。
   中层次的文化是_____。
   最上层次的文化是_____。

三 请阅读文章第2、3、5自然段,理解下列论述的含义:

1. 请阅读完第2段,不看课文填空。

　　第一种是方式论,即认为文化是一定民族的(　　　),是一种并非由遗传而得来的生活方式。这里包括了人们的(　　　)、(　　　)、(　　　)、(　　　),强调了文化的(　　　)。第二种是过程论,即认为是人类(　　　)和(　　　),特别是制造定型工具的过程,这里包含了人类(　　　)和(　　　)的不断进化,强调了文化的(　　　)。第三种是复合论,即认为文化是作为社会的一个成员所获得的包括(　　　)、(　　　)、艺术、音乐、(　　　)、(　　　)以及其他种种能力的复合体,这强调了文化的镕铸性。

2. 请阅读文章第3自然段,不看课文,用自己的语言说明"广义"的文化和"狭义"的文化分别指什么?

3. 请阅读文章第5自然段,说说对下面这个定义的个人理解。

　　"文化由外显的和内隐的行为模式构成;这种行为模式通过象征符号而获致和传递;文化代表了人类群体的显著成就,包括他们在人造器物中的体现;文化的核心部分是传统的(即历史的获得和选择的)观念,尤其是他们所带来的价值;文化体系一方面可以看作是活动的产物,另一方面则是进一步活动的决定因素。"

四 请根据文章内容判断对错:

☐ 1. 文化一词最早出现在中国时,是两个完全分开的概念。
☐ 2. 到了后来,中国的文化概念多跟经济等上层建筑的概念有关系。
☐ 3. 西方的"culture"一词最早出现时与农业社会有很大关系。
☐ 4. 文化一词成为专业概念,是在19世纪末,并且将其与文明这一概念紧密相连。
☐ 5. 西方学者最初对文化有三个方面的定义:方式论、过程论以及综合论。
☐ 6. 文化分为广义的和狭义的是从19世纪中叶开始的。
☐ 7. 被学界广泛接受的文化定义直到20世纪才出现。
☐ 8. 虽然人们对文化的定义还有争议,但还是有一些基本共识的。

重点词语

感化	（动）	gǎnhuà	to influence; to help (a misguided or erring person) to change by persuasion
见地	（名）	jiàndì	insight
肥沃	（形）	féiwò	fertile
栽培	（动）	zāipéi	to cultivate
耕耘	（动）	gēngyún	to plough
改良	（动）	gǎiliáng	to improve
注释	（名）	zhùshì	note
术语	（名）	shùyǔ	term
演进	（动）	yǎnjìn	to evolute
镕铸	（动）	róngzhù	to found; to cast
包罗万象		bāoluó wànxiàng	all-inclusive
广义	（名）	guǎngyì	broad sense
狭义	（名）	xiáyì	narrow sense
典章	（名）	diǎnzhāng	institutions
模式	（名）	móshì	pattern
产物	（名）	chǎnwù	outcome

 **词语练习**

一 请选择正确词语填空：
1. 她的这一举动终于(感化/感动)了我,我答应了她的要求。
2. 这次出国,长了很多(见地/见识)。
3. 现在农民很少愿意在家里老老实实地(耕耘/耕种)土地。
4. 送不送花这只是(模式/形式)问题,关键是看他的人品。
5. (改良/改革)主义一般都是比较温和的。

二 请从课文中找出下列词语的反义词：
内隐——　　　　　　　　　兴——

抽象——　　　　　　广义——　　　　　　模糊——

三 请解释下列说法的含义：

1. 一分耕耘，一分收获
2. 多谢您的栽培
3. 看得见，摸得着

四 请模仿例句造句：

1. 一种使这个民族不同于其他任何民族的方式。

    你的句子：_____。

2. 这一文化的综合定义基本为现代东西方的学术界所认可。

    你的句子：_____。

3. 它既不同于哲学，也不同于意识形态，是介于两者之间而未上升为哲学理论的东西。

    你的句子：_____。

合作学习

一 请谈谈文化和文明的异同。

二 请合作查找资料，完成下列表格：

	东方文明	西方文明
起源		
主要特点		
对现代社会影响		

思考题

1. 你认为是什么决定了一个民族的思维方式?
2. 你认为思维方式有先进和落后的分别吗?

阅读 二

略论中国人的思维方式

 提示：理解文章中古代汉语部分的含义

 时间：11分钟

中国人的思维方式与西方人几乎完全不同，我们是简洁少言的方式。汉语文约义丰,充满了随意性、不确定性、模糊性、暗示性,同时也引人遐想,趣味无穷。中国的哲学书多是格言警句式的片断汇集,语句之间没有多少联系,如《道德经》,皆似名言隽语,虽深刻但不系统;如《论语》,也是往往以寥寥数语阐述哲学观点,虽简约但不规范。中国人的思考即是含糊不清的非概念思维、非逻辑推理的方式,这或许与中国哲学的用途有关。在中国,学哲学的目的不是做西方式的"学者"、"科学家"、"思想家",而是铸就有修养的"人",只有简洁,哲学才能在民间推广,达到熏陶每个人的目标。

老子说:"道可道,非常道"(可以说出的"道",就不是永恒的"道"),"玄之又玄,众妙之门",中国人的"真理"是无法说出来的,只能是"玄"。庄子说:"得意而妄言","言有尽而意无穷"。孔子说:"天何言哉,四时行焉,百物生焉,天何言哉!"禅宗训诫:"不立文字。"可见,对中国人来说,道理尽在不言中!

可是,科学道理却要求是"可道"的,是可以用文字符号精确表达的。

我们的老祖宗擅长比喻、暗示、象征的表达方法。比喻即以外物间接地表达自己或其他事物,特别是隐喻内心。中国的俗话、成语中到处充斥着这类比喻、简单的类推(往往是异物之相推),如"山河易改,本性难移","马善被人骑,人善被人欺","易涨易落山溪水,易反易复小人心","高鸟尽,良弓藏;狡兔死,走狗烹;敌国灭,谋臣亡"等等,其实,山水、马牛、鸟兔与人之间没有必然的联系,但中国人仍然喜欢这样的简单的思维。

中国思想中也充满了暗示,庄子以"姑射神人,肌肤若冰雪,绰约若处子",骆宾王以咏蝉之"无人信高洁",张九龄以"草木有本心,何求美人折",暗示自己的高洁;李白以"蜀道之难"暗示官场的凶险;孟浩然以"坐观垂钓者,徒有羡鱼情"暗示自己对官场的艳羡。

中国人的思维模式是以直觉、体验、类比、象征取代了理性、逻辑,感性强,理性弱。我们的古人记录了哈雷彗星四十来次,但没人总结它的运行规律,最终让英国人哈雷获得了此项发现权;我们早就有类似于血液循环的看法,但没有上升为理论,最终是英国人哈维奠定了理论基础;我们有中医、针灸,但停留在经验或五行的范围内,没有予以科学的说明。难怪爱因斯坦说:西方的科学是以逻辑推理和实验验证为基础的,而中国却不是走这样的路。的确,有别于西方智慧的逻辑型、思辨型、实证型,中国的智慧是记录型、描述型的,我们有许多彗星、新星、太阳黑子的记录,我们有无数的实用技术发明,但永远处于捕捉现象的阶段,成果永远处于初级发展水平。难怪雨果说:"中国是个保存胎儿的酒精瓶。"

庄子、韩非子等中国思想家以寓言故事来论证其哲学命题,而不是缜密的推理思考。

中国人对现实之外的东西不感兴趣,缺乏形而上的逻辑思考,这必然带来理论的肤浅、不成体系,而理论的荒芜又导致技术的停滞、落后。

中国人善于采用整体的、全息的、系统的方法,而不是局部的、解剖的、分析的方法。如中医是整体疗法,头疼可能医脚;五行之金、木、水、火、土构成一个相生相克的整体,对应于人体的肝、肾、脾、心、肺也是一个系统、整体；中医认为一些穴位包含了整个人体的信息，此即符合宇宙中任何一点包含整个宇宙全部信息的全息理论。在中国人眼里，人与大自然、社会也是一个整体，此即天人合一、集体主义的思想基础。整体观、系统观当然很好，但我们还应学会局部的、解剖的、微观的、严谨的、分析的方法。

我们有许多"国粹"，如围棋，它典型地反映了中华民族性。譬如，围棋重视境界、感觉、定式、整体性，崇尚以柔克刚、审时度势、放达超逸，具有大道至简、阴阳转化、模糊思维等中国人的特征。

(选自胡星斗《略论中国人的思维方式》，博讯文坛网站 2004 年 10 月 10 日)

个人理解

1. 读这篇文章，你从作者的论述中产生了哪些联想？
2. 你同意或不同意文章中作者的哪些观点？
3. 画出文章中你认为最难理解的句子。
4. 你认为这篇文章跟上一篇阐述概念的方法有哪些不同？

阅读理解

一 请快速阅读文章的理论论述部分，(跳过作者所举的具体例证)，总结一下作者认为的中国人的思维特点：

1. 中国人擅长运用_____表达其思想，此外，中国人也擅长采用_____而不是_____的方法。
2. 中国人的整体思维模式是_____。

3. 中国人思维方式的弱点是_____。
4. 中国人思维方式的优点是_____。

二 请仔细阅读文章第2自然段,回答问题:
1. 作者列举了老子、庄子、孔子甚至禅宗的理论,目的是为了论证哪个观点?
2. 请解释这几段话的含义:
   (1) 道可道,非常道
   (2) 玄之又玄,众妙之门
   (3) 得意而妄言
   (4) 言有尽而意无穷
   (5) 天何言哉,四时行焉,百物生焉,天何言哉!
   (6) 不立文字

三 请阅读文章的第4自然段,回答问题:
1. 作者列举出这些俗语,是为了论证哪个观点?
2. 请解释这些俗语的意思:
   (1) 山河易改,本性难移
   (2) 马善被人骑,人善被人欺
   (3) 易涨易落山溪水,易反易复小人心
   (4) 高鸟尽,良弓藏;狡兔死,走狗烹;敌国灭,谋臣亡

四 请阅读文章的第5自然段,回答问题:
1. 作者引用了这些诗人的诗句,是为了论证哪个观点?
2. 请理解这些诗句的意思:
   (1) 姑射神人,肌肤若冰雪,绰约若处子
   (2) 无人信高洁
   (3) 草木有本心,何求美人折
   (4) 蜀道之难
   (5) 坐观垂钓者,徒有羡鱼情

五 请阅读文章第6—8自然段,找出作者用以论述中心论点的例证:
例证1:
例证2:
例证3:

第 五 课

六 请阅读文章第9和第10自然段,说明作者运用"中医理论"和"围棋理论"是为了说明什么论点?

七 请根据文章内容,理解下列句子的意思:
1. 汉语文约义丰。这句话的意思是:
   a. 汉语经常提倡节约以提高物质的丰富性
   b. 中国在文化上有节约的传统,以达到物质的极大丰富
   c. 汉语经常用简短的语言表达丰富的意思
   d. 中国的文学作品非常少,但是报刊的内容非常丰富

2. 中国的哲学书多是格言警句式的片断汇集。这句话的意思是:
   a. 中国的哲学书多数是一句一句的短句子的集成
   b. 中国的哲学书多数是警告众人的提示
   c. 中国的哲学书多数是严格要求他人的
   d. 中国的哲学书多数是一片片地连接起来的

3. 道理尽在不言中。这句话的意思是:
   a. 道理在不说话的时候已经说完了
   b. 道理不用说就都已经清楚了
   c. 道理是需要用沉默的方式来表达的
   d. 讲道理的人是不愿意说话的

4. 我们有无数的实用技术发明,但永远处于捕捉现象的阶段。这句话的意思是:
   a. 我们的发明永远处于抓住别人的尾巴的阶段
   b. 我们的发明永远处于跟着别人走的阶段
   c. 我们的发明永远处于模糊不清的阶段
   d. 我们的发明永远处于把握表面现象的阶段

5. 中国是个保存胎儿的酒精瓶。这句话的意思是:
   a. 中国每年有很多孩子出生
   b. 中国每年有很多初生的孩子死了,保存在酒精瓶里
   c. 中国有很多新发明,但是没有发展
   d. 中国有很多新试验,但是都没有成功

重点词语

遐想	（名）	xiáxiǎng	fancy
寥寥数语		liáoliáo shù yǔ	with a few words
含糊不清		hánhú bù qīng	ambiguously
铸就	（动）	zhùjiù	to train
熏陶	（动）	xūntáo	to nurture
训诫	（动）	xùnjiè	to admonish
充斥	（动）	chōngchì	to be full of
艳羡	（动）	yànxiàn	to envy
直觉	（名）	zhíjué	instinct
理性	（名）	lǐxìng	sense; rational
奠定	（动）	diàndìng	to establish
捕捉	（动）	bǔzhuō	to catch
胎儿	（名）	tāi'ér	fetus
寓言	（名）	yùyán	parable
缜密	（形）	zhěnmì	deliberate
肤浅	（形）	fūqiǎn	superficial
荒芜	（形）	huāngwú	desolate
停滞	（动）	tíngzhì	to stagnate
解剖	（动）	jiěpōu	to anatomise
国粹	（名）	guócuì	the quintessence of a country
以柔克刚		yǐ róu kè gāng	the soft defeat the hard
审时度势		shěn shí duó shì	consider the situation
放达	（形）	fàngdá	free and resilient
超逸	（形）	chāoyì	leisureful

词语练习

一 请找出下列词语的反义词：

1. 柔——
2. 间接——
3. 理性——
4. 肤浅——
5. 局部——
6. 微观——

二 词语搭配：

A	B
铸就	基础
奠定	性格
熏陶	理论
肤浅的	思维
缜密的	长城

三 请选择合适的词语填空：

1. 孩子们看到了蝴蝶，由此(遐想/联想)到了美丽的原野。
2. 这个妈妈总是不停地(训诫/训斥)她的孩子。
3. 他的这篇文章里(充斥/充满)着污言秽语。
4. 窗外下着(缜密/细密)的小雨。
5. 那个村庄地处偏僻，非常(荒芜/荒凉)。
6. 妹妹对姐姐的新衣服充满了(艳美/羡慕)。
7. 生产力的(停滞/停止)不前导致了经济的落后。
8. 这个人的讲演非常(简约/简洁)。

四 请用下列词语填空：

寥寥数语　含糊不清　以柔克刚　审时度势

1. 太极拳讲究的是(　　　　)，用软的力量抵御硬的进攻。
2. 世易时移，聪明人应该学会(　　　　)，根据情况决定自己的判断。
3. 由于嗓子坏了，他最近说话总是(　　　　)的。
4. (　　　　)，他就把这么复杂的场景描述清楚了。

五 请模仿例句造句：

1. 中国人的思维模式是<u>以</u>直觉、体验、类比、象征<u>取代了</u>理性、逻辑。

    你的句子：_____。

2. <u>有别于</u>西方智慧的逻辑型、思辨型、实证型，中国的智慧是记录型、描述型的。

    你的句子：_____。

合作学习

一 本课出现了很多专业词语，请按照类型把他们找出来：
  1. 中国古代哲学
  2. 中医
  3. 西方哲学

二 讨论总结自己国家的思维模式特点。

一 语段写作练习：

1. 在阅读一中，有这样一段话：

"什么是文化至今仍是一个相对模糊，争议较多的概念。但其中有一点是大家都明确的，即文化的核心问题是人，有人才能有文化，不同种族、不同民族的人有不同的文化。"

请深入论述"文化的核心是人"这个观点，写出提纲。

2. 请阅读下面的古文，完成练习。

"学者有四失，教者必知之，人之学也，或失则多，或失则寡，或失则易，或失则止。此四者心之莫同也。知其心，然后能救其失也。教也者，长善而救其失者也。"

(1) 把上段文章翻译成通顺的现代汉语。

(2) 总结这段文章的主要观点。

(3) 谈谈你的个人看法。

二 语篇写作练习：

请具体阐释一个学术概念。

结构要求：

    1. 概念的起源与发展

    2. 对概念的解释

        (1) 列举总结历史上对此概念的各种解释

        (2) 你对此概念的解释

    3. 总结

      论证要求：(1) 要有引文

                (2) 要有具体例证

      字数要求：800~1000 字

相关链接 ▶▶▶▶

请列举书市上跟"文化"相关的书籍。

从这一课你学到了什么?

1. _____

2. _____

第六课

学习目的

1. 内容提示：从政治的角度考查历史
2. 写作要求：以历史发展过程作为背景阐述观点

思考题

1. 谈谈你对古希腊、古罗马文化的了解。
2. 列举你知道的古希腊、古罗马著名人物或者著名事件。

阅读 一

西方历史的政治解读（一）

 提示：从不同的角度对同一事物进行对比

 时间：13分钟

以政治学理论为业有一些特殊的乐趣，其中之一便是读书比较泛，举凡哲学、历史、经济、法律、社会学等都与政治有关，均需有所涉猎。而且，久而久之，以政治的视角读书，会有一些不同的感受。以历史为例,不同的人读历史会有不同的感受。一部西方史,在艺术家、哲学家或文学家眼中,会呈现出颇为不同的景象。哲学家往往会对古希腊文明叹为观止,海德格尔专家陈嘉映曾盛赞"说不尽的希腊文化美",这在哲学家中颇为典型。不过,对一个研究政治理论的人来说,西方历史也许会展示出一幅不同的画面。

当然,这里首先涉及一个问题:什么是政治?不管人们对政治如何解释,我以为政治的基本关怀就是在一个群体内部维持稳定与秩序,当该群体与其他群体发生冲突时,保障安全与尊严。如果用这一标准来阅读西方历史,就会得出一些与哲学史专家全然不同的结论。

譬如,希腊被公认为西方文明的滥觞之地。在哲学家眼中,希腊文明美不胜收,哲学、艺术、悲剧、史诗群星璀璨,构成西方文明的坚实基础,写下了整个人类文化史上至为灿烂辉煌的一页。但是,如果从政治的角度来观察,希腊文明的价值恐怕会大打折扣。当时,在爱琴海与爱奥尼亚海之间这块今天看来并不广阔的土地上,存在着上百个城邦,尽管这些城邦出现了像雅典民主这样伟大的制度,为后人的政治理论探讨提供了很多启迪,但从政治的视角来看,希腊的政治实在难以令人憧憬。城邦规模较小,少则几万人,多则二三十万人,而且,城邦之间战争频仍。最终,以雅典和斯巴达为代表的两大军事同盟爆发了一场旷日持久的伯罗奔尼撒战争,整个希腊文明元气大伤。著名史学家修昔底德的不朽著作《伯罗奔尼撒战争史》详细记载了这场战争,可谓第一部伟大的西方政治名著。

希腊衰颓之后,罗马取而代之。许多人把罗马仅仅看成一个文化的传播者,认为在哲学、艺术、文学等方面罗马文明比希腊文明大为逊色。但若从政治的角度视之,罗马乃是西方第一个真正奠定了现代政治基础的民族。波利比乌斯(Polibius)在其《罗马

帝国的崛起》(The Rise of Roman Empire) 中描述了罗马共和国的崛起,描述了罗马如何从第一次布匿战争开始,经过短短53年时间,从一个城邦共和国发展为横跨三大洲的帝国。波利比乌斯将罗马成功的秘密归因于罗马的共和政体与公民的美德。

对于罗马人的美德,巴洛的《罗马人》有相当敏锐的观察。巴洛告诉我们,"罗马精神是农夫和士兵的精神;但既非农夫,亦非士兵,而是农夫—士兵(farmer-soldier)的精神。"罗马人的性格与希腊人迥然不同。罗马人"质朴"、"严肃"、"虔诚"、"淡泊"、"勤勉"、"严以待己"、"无比坚强"。罗马人崇尚"行动",而不是思考。她蔑视希腊人的文过饰非、夸夸其谈。借用我国传统儒家"文质彬彬"的说法,希腊人是"文胜质",而罗马人则有"质胜文"的倾向。*

罗马人对美德的追求可以在罗马留给后代的经典著作中得到印证。在这方面,西塞罗也许是最好的例子。西塞罗既是古罗马伟大的政治家,又是在西方文明史中具有重大影响的思想家。他的《国家篇》与《法律篇》包含了古典共和主义理念的权威阐释。不过,我更喜欢阅读他的《论老年》、《论友谊》和《论责任》。尤其是《论责任》,该篇是西塞罗写给在雅典学习的儿子马尔库斯的信,类似于我们的《傅雷家书》或诸葛亮的《诫子书》,字里行间充满了对儿辈如何成人的谆谆教诲。西塞罗告诫儿子要以追求"道德上的善"为目标,履行人生的"道德责任"。尽管西塞罗的"善"的理念受到柏拉图、亚里士多德哲学的影响,但仔细阅读他的著作,我们还是可以体察罗马精神和希腊精神的区别。罗马人的"善"体现了坚毅、质朴,体现了对政治共同体的责任与挚爱,体现了为共同体战斗、牺牲的精神。西塞罗在信中对希腊精神和罗马精神作了对比,他说,他十分欣赏希腊哲学中对于真、善、美的孜孜追求,以及充满思辨精神的形而上学特征,他嘱咐儿子有机会一定要阅读希腊哲学。但与此同时,他也非常明确地告诉儿子,要认真阅读父亲的演讲与哲学著作。"因为,虽然这些演讲显示出一种比较奔放刚健的风格,但我的哲学著作中那种冷静谨慎的风格也是值得培养的。另外还因

---

* 《论语·雍也》:"质胜文则野,文胜质则史。文质彬彬,然后君子。"意即淳朴胜过了文采就会粗野鄙俗,文采胜过了淳朴就会虚饰浮夸。文与质配合得当,才能成为君子。

为,迄今为止在希腊人中我还未曾见到过一个集这两种风格于一身,既滔滔不绝地演说又能平心静气地讨论哲学的人……"

当我们阅读了《伯罗奔尼撒战争史》、《罗马人》以及西塞罗的"三论"之后,希腊与罗马这两个文明在政治上的差异就非常清晰了。前者追求真善美,追求自然的正当,后者却以美德、以共同体利益作为至高无上的标准来构建共和国。在政治上,后者显然是成功者。一方面,罗马共和国内部秩序井井有条;另一方面,也是西方人常常炫耀的,就是罗马从第一次布匿战争开始,以短短53年时间,建成了一个横跨欧亚非三大洲的伟大帝国,这个帝国奠定了整个西方后来历史演进的物质地理基础。

(选自李强《西方历史的政治解读》,《南方周末》2004年6月10日)

个人理解

1. 读完这篇文章,你对希腊和罗马的看法有无改变?在哪些方面?
2. 你同意或不同意作者的哪些观点?
3. 在作者的论述中,你对哪部分印象最为深刻?

阅读理解

一 请阅读第3和第4自然段,完成下列表格:

从不同的角度评价古希腊、古罗马文化

	文化历史的角度	政治的角度
古希腊		
古罗马		

二 请阅读第2自然段，回答问题：
1. 找出作者给"政治"这个概念的定义。
2. 谈谈你认为什么是"政治"？

三 请根据文章内容回答问题：
1. 罗马人政治的成功取决于哪些因素？
2. 罗马人的美德具体表现在哪些方面？
3. 从西赛罗的著作中看出，罗马人对道德的追求是以什么为标准的？

四 请阅读文章最后一个自然段，总结古希腊和古罗马在政治上的差异，并用自己的话理解这些差异：
1. 古希腊追求_____，意味着_____，所以在文化上_____。
2. 古罗马追求_____，意味着_____，所以在政治上_____。

 重点词语

涉猎	（动）	shèliè	to read cursorily
叹为观止		tàn wéi guān zhǐ	acclaim as the peak of perfection
滥觞	（动）	lànshāng	to originate
美不胜收		měi bù shèng shōu	too many beautiful things
璀璨	（形）	cuǐcàn	bright
大打折扣		dà dǎ zhékòu	worse than it said before
憧憬	（动）	chōngjǐng	to longing
频仍	（形）	pínréng	frequently
旷日持久		kuàng rì chíjiǔ	prolonged
元气大伤		yuánqì dà shāng	lose the vitality
衰颓	（形）	shuāituí	weak and degenerate
取而代之		qǔ ér dài zhī	replace
大为逊色		dà wéi xùnsè	inferior of
崛起	（动）	juéqǐ	to grow up
迥然不同		jiǒngrán bùtóng	widely different
质朴	（形）	zhìpǔ	unaffected

虔诚	（形）	qiánchéng	devout
淡泊	（形）	dànbó	not seek fame and wealth
勤勉	（形）	qínmiǎn	diligent
严以待己		yán yǐ dài jǐ	be severe with oneself
文过饰非		wén guò shì fēi	cover up one's errors
夸夸其谈		kuākuā qí tán	indulge in exaggeration
文质彬彬		wénzhì bīnbīn	gentle
谆谆教诲		zhūnzhūn jiàohuì	belecture
孜孜追求		zīzī zhuīqiú	pursue diligently
奔放	（形）	bēnfàng	bold and unrestrained
滔滔不绝		tāotāo bù jué	keep on talking
井井有条		jǐngjǐng yǒu tiáo	in perfect order

词语练习

一 请认真体会下列每组词语的异同，并用其各写一个句子：

1. 憧憬——希望

   你的句子：_____。

   你的句子：_____。

2. 勤勉——勤奋

   你的句子：_____。

   你的句子：_____。

3. 奔放——豪放

   你的句子：_____。

   你的句子：_____。

4. 璀璨——灿烂

　　你的句子：_____。

　　你的句子：_____。

5. 频仍——频繁

　　你的句子：_____。

　　你的句子：_____。

6. 衰颓——衰落

　　你的句子：_____。

　　你的句子：_____。

7. 质朴——朴素

　　你的句子：_____。

　　你的句子：_____。

8. 滥觞——发源

　　你的句子：_____。

　　你的句子：_____。

二 请用词表中的成语填空：

1. BP机已经不再流行了，(　　　　)的是手机。
2. 房间里的东西摆放得(　　　　)、一丝不乱。
3. 虽说是双胞胎，但两个人的性格却(　　　　)。
4. 经过长达三年(　　　　)的论争，保守派终于占了上风。
5. 不能勇于承认错误，总喜欢(　　　　)的领导最终总是要被唾弃的。
6. 到中国仅一个月后，他就能极其流利地说汉语了，人们都对他的语言天赋(　　　　)。
7. 我走进大厅的时候，他正演讲呢，据说他已经像这样(　　　　)地讲了三个小时了。
8. 实际看到的食品跟广告上的相比，已经(　　　　)了。

9. 你说她漂亮？是很漂亮，但跟三年前相比，已经(　　　　)了。
10. 多年来，她一直牢记父亲的(　　　　)——诚实做人，勤恳做事。
11. 我(　　　　)十年的目标终于实现了。
12. 秋天，万山红遍，层林尽染，(　　　　)。
13. 他戴着一副金丝眼镜，举止有礼，一副(　　　　)的样子。
14. 三个主要队员都跳槽了，致使球队(　　　　)。
15. 一般女性都不喜欢吹牛、(　　　　)的男性。

三 生词中出现了很多描写人物性格的词语：
　　1. 请把它们都列出来。
　　2. 请再写出另外的三个这类词语。

四 请模仿例句造句：
　　1. 其中之一便是读书比较泛，<u>举凡</u>哲学、历史、经济、法律、社会学等都与政治有关，均需有所涉猎。

　　　你的句子：_____。

　　2. 而且，<u>久而久之</u>，以政治的视角读书，会有一些不同的感受。

　　　你的句子：_____。

　　3. 波利比乌斯将罗马成功的秘密<u>归因于</u>罗马的共和政体与公民的美德。

　　　你的句子：_____。

　　4. 在希腊人中我还未曾见到过一个集这两种风格<u>于一身</u>……的人。

　　　你的句子：_____。

思考题

1. 说说你所知道的西方近、现代哲学家的名字。
2. 你对英、美政治体制是怎样理解的?

阅读 二

西方历史的政治解读(二)

提示：概括——分析(论证)——总结
时间：11分钟

　　罗马帝国解体后,西方进入了漫长的中世纪。大约从11世纪开始,在封建制度的基础上兴起了现代意义的国家。在欧洲现代国家构建以及现代化进程中,最早肇兴而且后来最成功的,莫过于英国。包括休谟在内的许多英国史家喜欢将英国人视为"罗马人的后裔"。有一部在西方极为畅销的、由Simon Schama撰写的多卷本英国历史,在追溯英国的历史渊源时,着力探索罗马与英国的关系。该书第一卷的书名《在世界边缘》(At the Edge of the World)会激起读者的无边遐想。这片相对于当时"世界"的中心——罗马帝国及其"内湖"地中海——而言的蛮荒之地,这个由数代罗马统治者苦心攻略经营的海外殖民省,居然自诩为罗马人的后裔,而且居然在近代成为世界的中心,成为"日不落帝国"的开拓者,成为现代世界秩序的构建者!

　　英国人以罗马后裔自居,并不是在民族或血缘意义上讲的,而是在政治制度与文化层面上讲的。任何一个描述英国政治制度的人都不会忽略英国宪法的混合政体原则。这一原则恰恰是罗马共和国政体原则的近代翻版。令人遗憾的是,国内学术界对英国近代宪政的起源与沿革尚缺乏有分量的研究。2001年,中国法制出版社重印了民国时期翻译出版的英国著名法学家戴雪的《英宪精义》(雷宾南译),是英国宪政难得的优秀读本。

除了政治制度外,英国人认为自己的文化也与罗马文化有相似之处。像罗马人一样,英国人质朴、坚毅,不尚浮华。他们在哲学上不耽迷过于形而上学的思辨,文学艺术上也不崇尚令人目眩的虚华成就。英国哲学以经验主义为特征,与欧洲大陆的唯理主义形成鲜明对比。基于这种哲学之上,英国人在探讨政治问题时注重历史与经验,从不试图根据抽象的形而上学理念推导出现实的政治原则。英国著名史学家 G. M. Trevelyan 在其多卷本的《英国历史》(*History of England*)中曾自我解嘲似的写道,英国产生过伟大的政治家,却没有出现过伟大的政治理论家,英国政治的奥秘是由孟德斯鸠等欧洲大陆学者发现的。我以为,G. M. Trevelyan 在这里并不是恭维大陆理论家,而是为英国人注重实际、不尚浮华的文化自豪。

当然,最能体现罗马精神现当代风貌的首推美国。西方近年来的研究表明,美国宪法的共和主义精神带有强烈的罗马影响的烙印。"罗马的荣耀、权力与美德"激起美国制宪之父的无限向往。"罗马的榜样给了美国人民试图建立一个均衡的大陆共和国的勇气……而罗马堕落为专制主义以及后来英国的堕落为美国提供了令人恐惧的警示。"无论从美国制宪时期重要人物的笔名,演讲的引文,还是制度的设计,都可以清楚地看出罗马的影响。最近国内翻译出版了两卷本《辩论:美国制宪会议记录》,对于任何想要了解美国政治和历史的人来讲,这本书都是值得推荐的。该书详尽记录了1787年费城制宪会议的全过程,再现了当时的著名政治家的风貌。认真阅读过这部文献后,任何人都不会怀疑,美国宪法是在罗马模式、英国宪政模式的基础上构建的。而且,麦迪逊、汉密尔顿等宪法之父身上所展示的美德,恰恰是我们所熟悉的坚毅、审慎、务实、爱国的罗马精神。美国人从建国第一天起就有在新大陆构建"新罗马"

的梦想,这一梦想持续至今,愈久弥坚。

如果按照这样一种方式来阅读西方历史的话,就会发现西方历史几千年,尽管文学、艺术、科学、哲学等方面英才辈出,灿烂多姿,但是在政治方面真正成功的例子,不过罗马人及其后裔,即古罗马、英国和美国。如果允许我作一种比较简单化的概括的话,西方文明在政治上实际存在两个传统:一个是上述"罗马–英国–美国"的传统,另一个则是希腊开启的传统。后者在中世纪的基督教精神中得到升华,又在从黑格尔到海德格尔的近现代德国哲学中得到更为完善的展现。德国哲学家大多崇拜希腊哲学,因此德国人在政治上也追求至善至美,追求永恒的自然正当与绝对的真理。这一特征既可以从康德哲学中看到,也可以从当代德国具有理想主义色彩的哲学家那里发现。但是,正如当代英国一位极为出色的政治哲学家彼德·拉斯莱特(Peter Laslett)所言,政治乃至关重要之大事,绝不应轻易交付哲学家处理。政治事务的处置需要审慎、务实与坚毅,需要经验和智慧,而哲学家只能提供理性与原则。哲学指导下的政治很难成为成功的政治。

(选自李强《西方历史的政治解读》,《南方周末》2004年6月10日)

个人理解

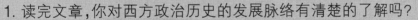

1. 读完文章,你对西方政治历史的发展脉络有清楚的了解吗?
2. 作者哪一部分的论述给你印象最深?
3. 你对作者在文章中推荐的哪本书感兴趣?

阅读理解

一 请快速阅读全文,结合上篇文章,划出西方政治历史发展线索：
起源——发展(具体体现)——结论

二 请阅读文章第 1 自然段和最后一个自然段,总结作者对西方政治传统沿革的态度。

三 请阅读第 2 和第 3 自然段,回答问题：
1. 英国在政治制度方面对古罗马的沿袭。
2. 英国在文化层面上与古罗马的关系。

四 请阅读文章第 4 自然段,回答问题：
为什么说"最能体现罗马精神现当代风貌的首推美国"？

五 请再次阅读文章最后一自然段,回答问题：
作者认为古希腊和古罗马的政治传统在当代,具体体现在哪些国家的政治制度中？

重点词语

解体	（动）	jiětǐ	to disintegrate
肇兴	（动）	zhàoxīng	to start
追溯	（动）	zhuīsù	to trace back to
渊源	（名）	yuānyuán	origin
蛮荒	（形）	mánhuāng	savage and wild
自诩	（动）	zìxǔ	to praise oneself
血缘	（名）	xuèyuán	consanguinity
翻版	（名）	fānbǎn	refurbished version
（崇）尚	（动）	(chóng) shàng	to uphold; to advocate

第 六 课

浮华	（形）	fúhuá	showy; luxurious
耽迷	（动）	dānmí	to be addicted in
令人目眩		lìng rén mù xuàn	dazzling
鲜明	（形）	xiānmíng	unequivocal
自我解嘲		zìwǒ jiěcháo	tease at oneself
烙印	（名）	làoyìn	stigma
堕落	（动）	duòluò	to degenerate
审慎	（形）	shěnshèn	prudent
愈久弥坚		yù jiǔ mí jiān	get stronger as time passing by
英才辈出		yīngcái bèi chū	persons of outstanding ability come out in great numbers
升华	（名）	shēnghuá	sublimation

词语练习

一 请选择合适的词语填空：

1. 三百年的帝国，由于内部的腐败而最终(解体/解散)了。
2. 老人们在一起(追溯/追忆)过去的似水年华。
3. 新婚伊始的他们对以后的生活充满了(遐想/向往)。
4. 这是一片未被开垦的土地，到处都是(蛮荒/荒凉)的景象。
5. 这篇文章观点(鲜明/明显)，论述有力，不失为一篇优秀的论文。
6. 此人与山西乔家有很深的(渊源/根源)。
7. 多少人在获得权力以后，(耽迷/痴迷)于金钱美色而最终堕落。
8. 古希腊文明(崇尚/崇拜)自然。

二 请说明下列词语的本义和引申义：

1. 翻版
   本义：_____
   引申义：_____

2. 升华
   本义：_____
   引申义：_____

3. 烙印

　　本义：_____

　　引申义：_____

三 请模仿例句造句：

1. 最早肇兴而且后来最成功的，<u>莫过于</u>英国。

　　你的句子：_____。

2. 在追溯英国的历史渊源时，<u>着力</u>探索罗马与英国的关系。

　　你的句子：_____。

3. 这片<u>相对于</u>当时"世界"的中心——罗马帝国及其"内湖"地中海——<u>而言</u>的蛮荒之地，这个由数代罗马统治者苦心攻略经营的海外殖民省，居<u>然</u>自诩为罗马人的后裔。

　　你的句子：_____。

4. 英国人<u>以</u>罗马后裔<u>自居</u>。

　　你的句子：_____。

5. 最能体现罗马精神现当代风貌的<u>首推</u>美国。

　　你的句子：_____。

合作学习

几人一组讨论下列问题，然后总结：

1. 政治制度有无先进、落后之分？请说明理由。
2. 一个国家当今所施行的政治制度是历史发展的必然还是偶然？请说明理由。
3. 作者认为，政治不能交付到哲学家手里，那么你们认为怎样才算是优秀的政治家？

一 语段写作练习：

请把这两篇文章缩写成一篇1000字以内的文章。

要求：

    1. 保持文章作者观点不变

    2. 保持文章原来结构、脉络不变

    3. 缩写要突出原文重点

二 语篇写作练习：

请选取你所熟悉的一段历史(本国历史或者世界历史)，从文化或者政治的角度分析它对当今社会文化或者政治方面的影响。

要求：

    1. 要把历史发展过程分解在各段中加以叙述

    2. 叙述的同时，论述其影响

    3. 可采用阅读一的对比、也可采用阅读二的概括—分析—总结的写作方法

    4. 要有清楚的结论

    5. 要有自己的观点(不论对错)

    6. 字数：800~1000字

 相关链接 ▶▶▶▶

进入北京大学政府管理学院网站，了解本文作者。

从这一课你学到了什么？

1. _____

2. _____

第七课

学习目的

1. 内容提示：新闻从业人员的责任
2. 写作要求：夹叙夹议

思考题

1. 你觉得记者的职业道德底线是什么？
2. 你觉得你自己在社会中扮演着怎样的角色？

阅读 一

凯文·卡特之死与新闻记者的道德底线

 提示：运用相关理论分析具体事件

 时间：12分钟

普利策新闻奖是美国新闻界最高奖。在1994年4月公布的获奖名单中，共有14个奖项，"特写性新闻摄影"(Feature Photography)奖项获得者是南非自由记者(freelancer)凯文·卡特拍摄的一张苏丹小女孩的照片。然而，就在普利策颁奖仪式结束3个月后，即1994年7月27日夜里，警察在南非东北部城市约翰内斯堡发现，凯文·卡特用一氧化碳自杀身亡。

自杀前一年，凯文·卡特来到战乱、贫穷、饥饿的非洲国家苏丹采访。一天，他看到这样一幅令人震惊的场景：一个瘦得皮包骨头的苏丹小女孩在前往食物救济中心的路上再也走不动了，趴倒在地上。而就在不远处，蹲着一只硕大的秃鹰，正贪婪地盯着地上那个黑糊糊、奄奄一息的瘦小生命，等待着即将到口的"美餐"。凯文·卡特抢拍下这一镜头。1993年3月26日，美国著名权威大报《纽约时报》首家刊登了凯文·卡特的这幅照片。接着，其他媒体很快把它传遍世界，在各国人民中激起强烈反响。这就是后来获得普利策新闻大奖的那幅照片。

凯文·卡特之死是记者追求"好"的新闻、"精彩"的镜头，与社会公德之间尖锐冲突的结果。

"好"的新闻、"精彩"的镜头，往往意味着媒体和记者在名誉与金钱上的双丰收。但有时处理不当，也会引起大众的不满。即以凯文·卡特来说，那张照片传遍世界后，人们在寄予非洲人民巨大的同情的同时，更加关注那个小女孩的命运。成千上万的人打电话给《纽约时报》，询问小女孩最后是否得救。而与此同时，来自各方的批评也不绝于耳，甚至是在凯文·卡特获得大奖之后。人们纷纷质问，身在现场的凯文·卡特为什么不去救那个小女孩一把？！就连凯文·卡特的朋友也指责说，他当时应当放下摄影机去帮助小女孩。

正是因为无法忍受外界公众与自己内心的道德困惑和越来越大的精神压力，凯文·卡特在获得大奖仅3个月后即走上不归之路。

凯文·卡特之死不能不引起人们深深的思索。

社会学家们认为，现实生活中，每一个人都扮演着一定的"社会角色"。这种

角色，不仅是社会群体或组织存在的基础，更是社会系统得以形成、维系和运转的基本条件，亦即人类赖以生存与发展的基本条件。每一种角色都有与角色扮演者的社会地位、身份相一致的一整套权利、义务和行为模式。这些权利、义务和行为模式，往往成为他人对角色扮演者的一种期待，即通常所谓"角色期待"。角色扮演者的行为与结果应当与该角色规定的权利、义务和行为模式相符合，否则，扮演者将不仅在角色上是失败的，而且会引起他人在"角色期待"方面的不适，并直接影响对角色扮演者的判断与态度。

但事实上，我们每个人在日常生活所扮演的角色常常并非一种，而是多种，这样就形成了一个个"角色集"。这也就意味着每一个"角色集"中，角色与角色之间的权利、义务和行为模式并非完全一致的。这种不一致可能导致角色承担者自身发生冲突。比如，当一个人所承担的多种社会角色同时对其提出要求而难以达成时，他即会在时间与精力上出现某种紧张感，冲突由此而产生。再比如，当一个人所承担的几种角色之间出现了行为规范互不相容的情况时，无疑更易发生角色冲突。

毫无疑问，新闻记者也是一种"多角色扮演者"（即"角色集"）类型的群体。所谓"多角色"，对新闻记者而言，至少包含两种，即他既是新闻专业工作者，因而有着与此相适应的权利、义务和行为模式，又是不停运转的社会系统中的一个部件，是社会大众中的普通一员（即所谓"常人"），因而有着与"常人"这一角色相适应的另一整套权利、义务和行为模式。

体现在新闻记者身上的这两种角色，即"专业"与"常人"之间，多数情况下是不会发生冲突的。换句话说，在多数情况下，新闻记者只要扮演好"新闻记者"的角色就可以了，就会满足他人对其的"角色期待"。但在某些特殊时空状态下，两者之间却可能发生冲突，即作为新闻记者的专业职责与作为一般常人的道德规范之间发生对立。当这种冲突与对立发生时，新闻记者也许有着自己的千百个理由，但社会大众却有着他们明确的价值指向：即新闻记者的行为举止，必须符合起码的社会道德规范，一般常人能够做到的，新闻记者也应该能够做到。

社会公众的这种价值指向是无可指责的。毫无疑问,新闻记者的专业职责是从整个人类社会的共同责任中分化出来的,前者是后者的一个组成部分。换句话说,新闻记者履行专业职责的最终目的,归根到底还是为了社会系统的有效运行和人类生命的健康延续。所以,新闻记者在履行专业职务时,必须使自己的行为举止符合社会公共道德。当两者处于对立冲突状态时,新闻记者应该宁愿牺牲专业职责而首先履行社会职责,而不是相反。在某种意义上,这可以看作是新闻记者的"道德底线"。

(选自人民网2002年7月11日)

个人理解

1. 看完这篇文章,你对这个自杀的记者持什么样的态度?
2. 你同意或者不同意作者的哪个观点?

阅读理解

一、请快速阅读全文,画出:
1. 哪段是事件的叙述部分?
2. 哪段是作者论述时要运用的理论依据?
3. 哪段是作者运用理论对此事件的具体分析?

二、请仔细分段阅读,完成练习:
1. 请阅读文章第1—6自然段,画出在大段的叙述中,作者简短的议论性文字。
2. 请阅读文章7—8自然段,请举出一两个具体的生活中的例子,说明下列论述的情况:
    (1)"社会学家们认为,现实生活中,每一个人都扮演着一定的'社会角色'。……每一种角色都有与角色扮演者的社会地位、身份相一致的一整套权利、义务和行为模式。"
比如说＿＿＿＿＿＿＿＿＿＿＿＿＿＿

(2) "角色扮演者的行为与结果应当与该角色规定的权利、义务和行为模式相符合,否则,扮演者将不仅在角色上是失败的,而且会引起他人在'角色期待'方面的不适,并直接影响对角色扮演者的判断与态度。"
比如说＿＿＿＿＿＿＿＿＿＿＿＿＿＿

(3) "当一个人所承担的多种社会角色同时对其提出要求而难以达成时,他即会在时间与精力上出现某种紧张感,冲突由此而产生。"
比如说＿＿＿＿＿＿＿＿＿＿＿＿＿＿

(4) "当一个人所承担的几种角色之间出现了行为规范互不相容的情况时,无疑更易发生角色冲突。"
比如说＿＿＿＿＿＿＿＿＿＿＿＿＿＿

(5) "角色集"的意思是＿＿＿＿＿＿＿＿＿＿
"角色期待"的意思是＿＿＿＿＿＿＿＿＿＿

3. 请阅读第 9 自然段,然后请谈谈你认为作为"新闻记者"这个角色应有的权利、义务和责任是什么?

4. 请阅读第 10 和第 11 自然段,回答问题:
(1) 说明作者认为记者在普通情况下以及有冲突情况下,记者应该怎样对待自己的责任?
(2) 说明作者为什么认为社会公众的质疑是无可指责的?

三 请根据文章内容判断对错:

☐ 1. 凯文·卡特在赢得了普利策奖之后自杀了,因为受不了自己良心的谴责。

☐ 2. 凯文·卡特的行为遭到公众的质疑,大家纷纷指责他为什么不立刻救起那个小女孩。

☐ 3. 社会学家认为,人在社会中要同时扮演很多角色,但只要重视作为职业的那种责任即可。

☐ 4. 作者认为,新闻从业人员在责任面临从冲突时,放弃道德底线是无可指责的。

☐ 5. 作者认为,多数情况下,作为专业人员和作为普通人的道德要求是不发生冲突的。

☐ 6. 社会学家认为,每一种社会角色,他人对其都有一种"角色期待"。

☐ 7. 作者认为,新闻记者的道德底线是要务求新闻的真实性。
☐ 8. 作者认为,摄影记者一旦拍到好的镜头,就会"名利双收",别无其他问题。

 重点词语

词语	词性	拼音	英文
底线	(名)	dǐxiàn	base line
普利策新闻奖		Pǔlìcè xīnwén jiǎng	Pulizer Prizes
南非		Nánfēi	South Africa
苏丹		Sūdān	Sudan
约翰内斯堡		Yuēhànnèisībǎo	Johannesburg
一氧化碳	(名)	yīyǎnghuàtàn	carbon monoxide
战乱	(名)	zhànluàn	chaos caused by war
饥饿	(形)	jī'è	famine
皮包骨头		pí bāo gǔtou	skinny
救济	(动)	jiùjì	to relieve
硕大	(形)	shuòdà	gigantic
秃鹰	(名)	tūyīng	condor
贪婪	(形)	tānlán	greedy
奄奄一息		yǎnyǎn yī xī	be at one's last gasp
权威	(名)	quánwēi	authority
反响	(名)	fǎnxiǎng	echo
尖锐	(形)	jiānruì	sharp; keen
丰收	(动)	fēngshōu	to crop well
寄予	(动)	jìyǔ	to place on
不绝于耳		bù jué yú ěr	constantly hear
维系	(动)	wéixì	to hold together
赖以		làiyǐ	(sth. or sb.) that can be depended on
指向		zhǐxiàng	point at
起码	(形)	qǐmǎ	minimum
履行	(动)	lǚxíng	to carry out
归根到底		guī gēn dào dǐ	in the final analysis

词语练习

一 组词：

1. 贪婪的（　　　　）　　2. 尖锐的（　　　　）

3. 赖以（　　　　）　　　4. 履行（　　　　）

5. 维系（　　　　）　　　6. 寄予（　　　　）

二 请选择合适的词语填空：

　　硕大　巨大

1. 这个案件数额（　　　），情节严重，必须严肃处理。

2. 鹰展开（　　　）无朋的翅膀飞向了高空。

　　起码　至少

3. 这个人看起来（　　　）有50岁了。

4. 诚实，这是做人（　　　）的品格。

　　反响　反应　反映

5. 他的这番讲演在校园里（　　　）很大。

6. 小孩子的（　　　）总是比老人要快。

7. 有什么事，你跟老师（　　　）啊，别自己闷着。

三 请连接与下列成语有关的场景，并用成语造句：

A	B
奄奄一息	饥饿
皮包骨头	死亡
归根到底	总结

你的句子：_____。

你的句子：_____。

你的句子：_____。

四 请解释画线部分含义：

1. 名誉与金钱上的<u>双丰收</u>。

2. 在获得大奖仅 3 个月后即走上<u>不归之路</u>。

3. 在某种意义上,这可以看作是新闻记者的"<u>道德底线</u>"。

五 请根据所给的例子,用成语描述:

例:瘦得(皮包骨头)

1. 吃得(　　　　)   2. 累得(　　　　)
3. 乐得(　　　　)   4. 气得(　　　　)
5. 恨得(　　　　)   6. 爱得(　　　　)

合作学习

一 合作查找资料,找出这个记者死以后的各种新闻报道,了解各方对此事件的评价,然后总结主要观点。

二 请查找资料,搜集一两个著名记者的事迹,讲给大家听。

思考题

1. 你认为政府应该如何看待报纸上的批评报道?
2. 你认为什么是新闻自由?

阅读 二

想起了美国的一起新闻官司

 提示：运用由具体事件总结出的理论原则展开论述

时间：12分钟

    从世界范围来看，新闻批评是随着资产阶级革命的酝酿而兴起，随着资产阶级民主政治的发展而成长的。西方国家，例如美国，资产阶级民主政治搞了两百多年了，两百多年来它们的报刊有过各种各样的批评报道，引发过不计其数的新闻官司，在不断的矛盾、摩擦和冲突中，人们在新闻批评问题上的观念也在不断前进。总的趋向是越来越重视新闻媒介的批评监督、越来越强化新闻批评在社会运转中的制约作用。在这里，我想起了美国新闻史上一起著名的新闻官司，觉得值得旧事重提一番。

    这就是两个多世纪前的曾格案件。当时北美还处在英国殖民当局统治之下，报业刚刚起步。纽约的印刷商曾格在1733年创办了这个城市的第二家报纸《纽约周报》。报纸创办伊始，就对新任总督科斯比持批评态度。创刊号上发表了被科斯比解职的法官莫里斯当选为议员的消息，接着几期批评了科斯比允许法国军舰侦察南部海湾的防御之事，随后又刊登了读者来信，批评这位总督的以权谋私行为。这些批评报道很受公众欢迎，报刊发行量不断上升。可是殖民当局却十分恼怒，总督科斯比指使检察长对曾格提出"告发书"，指控他"对政府进行无耻中伤、恶毒谩骂和煽动性责难"。

1734年11月，当局以"煽动闹事罪"将曾格拘捕。

1735年8月，此案开庭审理。曾格的支持者从费城请来了著名律师安德鲁·汉密尔顿为其辩护。这位80高龄的老人在法庭上慷慨陈词，宣称：

"我不能认为剥夺人们发表批评的权利是正当行为。我认为发表批评是每一个生来自由的人所享有的权利。"他毫不否认当事人曾在报纸上发表激烈言论，但又义正辞严地指出："在宣布我的当事人是一个诽谤者之前，你们须得证明那些言论本身是诽谤性的，也就是说假的、恶毒的、煽动性的，否则他就是无罪的。"

这些话在今天看来似乎理所当然，但在当时却意味着对传统观念的挑战。那时北美法庭沿袭着一种观念，认为对政府的任何批评都是煽动性行为，批评的内容越是真实就越有害。他们的逻辑是：公众对于执掌权力的人进行谴责或批评，会激起社会动荡，导致现存社会秩序的破坏，因而是不能允许的，而且是有罪的。这是一种地道的专制主义观念。但在专制主义没有彻底消除的英国，在大英帝国治理下的北美殖民地，这却是一种根深蒂固的观念。因此，法官当时就拒绝了律师汉密尔顿的要求，认为批评是否事实是无需证实的。这时汉密尔顿转而向陪审团陈明利害，指出今天面临的不是个人私事，而是关系到所有生活在美洲大陆的每个自由人的重要事业。他呼吁陪审团慎重判断，并说："我毫不怀疑……你们将以公正的裁决奠定一个崇高的基础，保证我们自己、我们的后代享有应得的权利，这就是把事实真相讲出来、写出来，以揭露和反抗专断权力的自由！"这番铿锵有力的答辩和呼吁，赢得了陪审团的响应，他们终于做出了曾格无罪的裁决。

曾格案件和汉密尔顿的辩护词，在美国新闻史上首次提出了这样的原则："把事实真相讲出来写出来以揭露和反抗专断权力"是公民的神圣权利；要确定某种言论是诽谤性的，首先必须证明它是虚假不实的，只有"谎言才构成中伤，才构成诽谤"。当然，这样的原则真正付诸实践并不是一帆风顺的。半个世纪之后，美国经过独立战争，建立了以三权分立为特征的资产阶级政权，通过了保障新闻自由权利的宪法第一修正案，上述原则才有了付诸实施的政治环境和法制基础。随着时间的推移，新闻媒介逐步成了资产阶级民主体制中重要的制衡力量。

曾格案反映了人们在观念上的一个重大突破：原来认为凡是批评政府官员就是攻击、就是诽谤，从此以后，确立了"真实不是诽谤、谎言才是诽谤"的原则。

由此可见，对于新闻批评是否构成诽谤（或侵犯名誉权），判别的标准主要在于是否符合事实，我看这一点就该是放之四海而皆准的，应该成为各国社会的共识。除了违背法律规定者外，凡是符合事实的新闻批评都应得到保护，任何人都不得以这样那样的理由或借口加以压制或处罚。诚然，新闻人员应该深入采访、反复核实、谨慎写作，力求使自己的批评报道准确无误；但是，由于种种外在条件的限制和影响，某些细节问题上的出入又总是难以避免的。如果不看主流和基本面，动辄兴师问罪、惩处有加，那必然会使人人视批评显要人物为畏途，从而堵塞了舆论监督的通道。

总之，在社会生活中对平民百姓的权利倍加小心保护，对显要人物的行为倍加严格监督，这实在是社会民主进程的客观要求，也是现代文明发展的必然趋势。笔者认为，这些道理是我们在面对与日俱增的新闻官司时应多加思索的，也是当前新闻法制建设过程中应该借鉴的。

（选自《新闻传播》1997年第1期）

个人理解

1. 读完这篇文章，你觉得作者针对的对象是谁？
2. 你对文章中的哪一部分印象最深？
3. 你同意或者不同意作者的哪个观点？
4. 作者在运用理论依据时，跟上一篇文章有什么不同？

阅读理解

一 请快速阅读全文,然后给文章划分段落。

二 请画出文章哪一部分是作者由曾格案件得出的理论原则,并说明这个原则的内容及其对后世的影响。

三 请画出文章哪一部分是运用上述原则对具体现象进行的分析。作者得出的结论是什么?

四 请根据文章内容判断对错:
- □ 1. 成熟的新闻批评观念从资产阶级革命开始就建立起来,并且随着社会的发展得到了更大的发展的。
- □ 2. 现在普遍认为,新闻批评的监督和对社会运转的制约作用非常强大。
- □ 3. 曾格案发生在英国殖民统治时期的北美,是关于对一份报纸能否创办的案件。
- □ 4.《纽约周报》上的批评报道虽然深得公众欢迎,但是却惹恼了殖民当局,当局停办了报纸并拘捕了曾格。
- □ 5. 曾格的辩护律师没有说服法官,而是说服了陪审团,最后他的当事人获得了无罪的裁决。
- □ 6. 法官之所以没接受律师的辩护,是因为在当时的北美法庭代代相传着一种旧观念。
- □ 7. 曾格的报道和他的律师的辩护词从此为新闻批评报道奠定了原则并很快付诸实施。
- □ 8. 根据这一原则,作者认为虽然记者的报道要求真实,但如有小的出入,不应被深究。
- □ 9. 作者认为,如果追究这些小的细节,新闻报道就会失去自由。
- □ 10. 作者认为,对平民百姓的权利要严加保护,对显要人物的隐私更应加以保护。

五　请根据课文内容,理解下列句子的含义:

1. 报纸创办伊始就对新任总督科斯比持批评态度。这句话的意思是:
   a. 报纸刚开始创办对新任总督的态度就是以批评为主的
   b. 报纸创办以后,开始了对新任总督的批评态度
   c. 从报纸开始创办到结束,都对新任总督加以批评
   d. 报纸创办以前对新任总督的态度就是以批评为主的

2. 那时北美法庭沿袭着一种观念。这句话的意思是:
   a. 那时北美法庭坚持着一种观念
   b. 那时北美法庭统一使用一种观念
   c. 那时北美法庭代代相传着一种观念
   d. 那时北美法庭拒绝承认新观念

3. 这时汉密尔顿转而向陪审团陈明利害。这句话的意思是:
   a. 这时汉密尔顿改变策略,开始向陪审团说明他们会得到的利益
   b. 这时汉密尔顿改变策略,开始向陪审团说明其中的好处和坏处
   c. 这时汉密尔顿改变策略,开始向陪审团说明可能会有的损害
   d. 这时汉密尔顿改变策略,开始向陪审团说明明显的好处和坏处

4. 这一点就该是放之四海而皆准的,应该成为各国社会的共识。这句话的意思是:
   a. 这一点应该是沿海国家通用并且大家都知道的
   b. 这一点应该是各国都有的统一的标准和知识
   c. 这一点应该是开放的国家通用并且大家都知道的
   d. 这一点应该是全世界通用并且各国都承认的

 重点词语

官司	(名)	guānsi	lawsuit
酝酿	(动)	yùnniàng	to brew
不计其数		bù jì qí shù	countless
摩擦	(名)	mócā	friction

制约	（动）	zhìyuē	to restrict
创刊号		chuàngkān hào	start publication
以权谋私		yǐ quán móu sī	use power to seek for one's own interest
指控	（动）	zhǐkòng	to accuse
无耻	（形）	wúchǐ	shameless
中伤	（动）	zhòngshāng	to slander
谩骂	（动）	mànmà	to vilify
煽动	（动）	shāndòng	to agitate
拘捕	（动）	jūbǔ	to arrest
辩护	（动）	biànhù	to defend; to justify
慷慨陈词		kāngkǎi chéncí	present one's views vehemently
剥夺	（动）	bōduó	to deprive
义正辞严		yì zhèng cí yán	speak with justice
动荡	（名）	dòngdàng	turbulence
裁决	（动）	cáijué	to adjudicate
铿锵有力		kēngqiāng yǒulì	loud and powerful
付诸	（动）	fùzhū	to put to
一帆风顺		yī fān fēng shùn	plain sailing
制衡	（动）	zhìhéng	to control and balance
兴师问罪		xīng shī wèn zuì	send a punitive expedition against
显要	（名）	xiǎnyào	powerful and influential personage
与日俱增		yǔ rì jù zēng	increase day by day

词语练习

一、组词：

1. 付诸(　　　)/(　　　)　　2. 剥夺(　　　)/(　　　)

3. 动荡的(　　　)/(　　　)　　4. 无耻的(　　　)/(　　　)

二、请选择合适的词语填空：

1. 这个问题非常(重要/显要)，必须引起重视。

2. 禁不住大家的(煽动/鼓动)，他终于也参加了马拉松。
3. 落后的生产力(制约/制衡)着社会的进步。
4. 这次活动没有年龄上的(制约/限制)，谁都可以参加。
5. 他的无情离去，极大地(中伤/伤害)了她脆弱的心灵。

三 请说明下列词语的本义和引申义：

1. 摩擦

   本义：_____

   引申义：_____

2. 酝酿

   本义：_____

   引申义：_____

四 请用下列成语填空：

不计其数　兴师问罪　以权谋私　慷慨陈词　义正辞严　铿锵有力

1. 这首歌唱起来(　　　　)。
2. 沙漠里，有时突然就会有(　　　　)的苍蝇飞来。
3. 看他气势汹汹的样子，想必是来(　　　　)的。
4. 此人利用职权，(　　　　)，索取了大量贿赂。
5. "一个正直的人，怎么可以这样做?!"他(　　　　)地批评了这种做法。
6. 他(　　　　)，批驳了对他的责难。

五 请模仿例句造句：

1. <u>诚然</u>，新闻人员应该深入采访、反复核实、谨慎写作，力求使自己的批评报道准确无误；<u>但是</u>，由于种种外在条件的限制和影响，某些细节问题上的出入又总是难以避免的。

   诚然……，但是……

   _____

2. 如果<u>不</u>看主流和基本面，动辄兴师问罪、惩处有加，<u>那必然</u>会使人人视批评显要人物为畏途，<u>从而</u>堵塞了舆论监督的通道。

   (1) 如果不……，那必然……，从而……

   _____

(2) 动辄……

_____

(3) 视……为畏途

_____

合作学习

一 本课出现最多的是两类术语，请找出所有的这两类词语：

新闻术语：_____

法律术语：_____

二 请列出你周围人常看的10种中文报纸，并说明其特色。

第七课

一 语段写作练习：

1. 请用具体论述完成下列文章，100~120个汉字。

　　美国麻省理工学院的两位科学家在最新一期《自然》杂志上报告说，他们将特殊的电极嵌入实验鼠的头骨，记录大脑中海马区大约100个脑细胞的电流活动。海马区是大脑中与学习和记忆相关的一个区域。

　　科学家将实验鼠放在1.5米长的笔直跑道上。实验鼠在跑道上跑来跑去，在到达跑道的两端时，它们会停下来吃预先放在那里的食物，梳理毛发，休息片刻。电极记录显示，实验鼠在跑道上跑动的过程中，其海马区的一些神经细胞以特定的顺序出现电流活动。

　　出人意料的是，实验鼠在休息的时候，相同的神经细胞会以与此前相反的顺序一遍又一遍地出现电流活动，并逐渐加速。

　　这也就是说……

2. 给上述文章起一个题目，要求既能概括实验部分的结果，又能概括论述部分的内容。

二 语篇写作练习：

　　事实上，凯文·卡特本人几乎从一开始便处于冲突的痛苦之中。他在抢拍完之后，实在不愿再看下去那个极端对立、极其冷酷的场面，于是，他把秃鹰轰走。过了一段时间，他看到，那个小女孩用尽所有力气爬起来，重新艰难地向救济中心挪动……望着小女孩的身影，凯文·卡特内心充满了矛盾、愧疚和痛苦。他在一棵树旁坐了下来，一边抽着烟，一边泪流满面。后来，他曾对人说："当我把镜头对准这一切时，我心里在说：'上帝啊！可我必须先工作。如果我不能照常工作的话，我就不该来这里。'"

请结合阅读一的文章，阅读上述片段，根据所给题目写一篇议论文。

题目：是谁杀死了凯文·卡特？

要求：1. 字数：800字

　　　2. 写作方法：夹叙夹议或者先叙述后议论

　　　　　　　　　在议论部分，要先有理论依据，然后运用该理论具体分析该事件

相关链接 ▶▶▶▶

请从 www.xinhuanet.com 和 www.people.com.cn 两个新闻网中，找出当天你最感兴趣的一则新闻和一则评论来阅读。

从这一课你学到了什么？

1. _____
2. _____

第八课

学习目的

1. 内容提示：国际关系与外交
2. 写作要求：新闻写作

思考题

1. 你对国际关系感兴趣吗？
2. 你对联合国及其安理会有哪些了解？

阅读 一

安理会改革势头放缓，"四国联盟"变成"三驾马车"

 提示：注意文章中使用的国际关系类的专业词语(缩略语)
 时间：12分钟

上周，巴西、印度和德国联手向第60届联大提交了一项新的"增常"决议草案，沉寂数月的安理会扩大问题再次引起舆论关注。

不过,鉴于原四国"争常"阵营发生分裂,本届联大又忙于落实各国有关联合国改革的现有共识,安理会扩大之争可能在短期内难以恢复到去年夏天的声势。

"四国联盟"成"三驾马车"

巴、印、德三国的新草案实际上是"新瓶装旧酒",与"四国联盟"去年7月提交的安理会扩大方案基本相同,即要求增加6个不具有否决权的常任理事国和4个非常任理事国席位。但该草案没有得到原"四国联盟"成员日本的联署。对此,尽管四国都不愿公开承认,但舆论普遍认为四国联合"争常"格局已经解体。

实际上,在去年11月本届联大首次就安理会扩大问题举行的公开辩论中,日本就已经暗示将放弃"四国联盟"的"增常"方案。当时,日本常驻联合国代表大岛贤三发言说,应正视没有一项"增常"决议案会在联大获得足够支持的事实,寻找新的安理会扩大方案。

对于日本此次拒绝与上述三国采取统一步调的原因,包括外相麻生太郎在内的日方高官都解释得非常直白,其要点就是要与美国合作,炮制一项能被美方接受,又能获得广泛支持的安理会扩大方案。据报道,日本新方案将建议把安理会成员的数目从目前的15个增加到21个,并通过联大投票选举新的常任理事国。

如此看来,日本新方案可望在安理会扩大规模上满足美方坚持的"适度"原则。但目前尚不清楚日方是否准备在新增常任席位数量上也接受美方提出的"两个左右"的原则。倘若日本通盘接受美方要求,日本与巴、印、德将从昔日的"争常"盟友变成竞争对手。此外,如何说服非洲国家接受新方案也是个难题。总之,日本希望在美国与其他"争常"国家之间寻找平衡,但难度不小。

"非盟共识"面临挑战

在巴、印、德"三驾马车"重提四国旧案之前,尼日利亚、南非、加纳和塞内加尔在

非洲联盟内部未达成一致的情况下,于去年12月底以四国的名义向本届联大提交了非盟关于安理会扩大的决议案。尼日利亚等国曾打算要求联大在去年圣诞节休会前投票表决非盟决议案,但后来在有关方面的劝说下放弃了这一想法。

非盟决议案要求将安理会成员数量从目前的15个增加到26个,其中包括6个具有否决权的常任理事国和5个非常任理事国。在目前情况下,如果这一议案被付诸表决,通过的可能性微乎其微。因此,尼日利亚等国的上述举动乍看着实令人费解,但仔细分析后,却不难看出其背后的用意。

尼日利亚等国执意提交非盟决议案,是为了摆脱有关安理会扩大的"非盟共识"的束缚,达到与"四国联盟"合流的目的。在去年的"争常"交锋中,志在"入常"的尼日利亚和南非一直希望与"四国联盟"合作,但在遭到非洲其他国家的反对后,非盟与"四国联盟"最后未能就联合"争常"达成妥协。而通过联大投票否决非盟"增常"方案,却可以为尼日利亚和南非松绑,放手去与"四国联盟"合作。但是,在"四国联盟"现在出现公开分裂的情况下,尼日利亚等国何去何从还有待观察。

安理会扩大议题难升温

据日本媒体近日报道,日本希望最早在今春提交安理会扩大新方案。但分析人士认为,在"四国联盟"解体、"争常"阵营力量尚未重组的情况下,如不出现意外,安理会改革在短期内难有升温的可能。

巴、印、德三国在随议案一并提交的解释性文件中说,三国不打算要求联大在近期就它们的议案进行表决,旧案重提的目的是维持安理会改革的势头。反对"增常"的"团结谋共识"运动已表示,该阵营不会随三国重新提交它的安理会扩大方案。

非盟将于本月晚些时候举行首脑会议,尼日利亚等国届时能否说服其他非洲国家同意将非盟"增常"议案付诸表决还未可知。即便尼日利亚等国促使联大将非盟议案付诸表决,其结果也不会改变安理会改革进程陷于僵局的处境。

目前,联大正忙于就设立人权理事会、改革联合国管理机制、制定全面反恐公约等议题举行谈判。人权理事会、秘书处管理改革和反恐公约是美国认定的联合国改革优先事项。美国此前已多次明确表示,反对在联合国其他重要改革完成前进行争议极大的安理会改革。根据联合国明后年预算案,美国最为关注的秘书处管理改革应在今年6月前完成。可以预料,在此期间美国将很难容忍"争常"各方掀起新一轮安理会扩大战,挤占联大的议程。除美国外,其他许多国家现在对重新讨论安理会扩大议题也缺乏热情。希望另辟蹊径"入常"的日本,在发起新的"争常"攻势之前,也不得不考虑这些现实因素。

(选自新华网2006年1月12日)

个人理解

1. 读完这篇文章,你认为安理会改革的核心问题是什么?
2. 读完这篇文章,你对"四国联盟"、"三驾马车"、"非盟共识"这几个概念有哪些了解?

阅读理解

一、请阅读全文,根据文章内容回答问题:

1. 请分析一下日本退出"四国联盟"的原因以及日本"争常"的新对策。
2. 为什么说日本的新的"争常"方案实施起来"难度不小"?
3. "非盟关于扩大安理会"的决议是在怎样的情况下提出来的?其基本内容包括什么?
4. 为什么在明知很难被通过的前提下,尼日利亚等国依然提出"安理会扩大"的议案?
5. 日本、四国联盟、非盟对表决议案的日程有什么具体打算?
6. 按照作者分析,为什么安理会扩大议题很难再"升温"?

二 请根据文章内容解释下列说法的意思：

1. "四国联盟"成"三驾马车"。
   这句话的意思是指：＿＿＿＿＿＿＿＿＿＿＿＿＿＿＿＿＿

2. 巴、印、德三国的新草案实际上是"新瓶装旧酒"，与"四国联盟"去年 7 月提交的安理会扩大方案基本相同。
   "新瓶装旧酒"的意思是指：＿＿＿＿＿＿＿＿＿＿＿＿＿＿＿

三 请写出下列缩略语的全称：

1. 安理会
2. 增常
3. 争常
4. 非盟
5. 联大

 重点词语

词语	词性	拼音	释义
势头	（名）	shìtóu	tendency
草案	（名）	cǎo'àn	draft
阵营	（名）	zhènyíng	a group of people who pursue common interest
声势	（名）	shēngshì	spirited atmosphere
否决	（动）	fǒujué	to veto
暗示	（动）	ànshì	to hint
正视	（动）	zhèngshì	to envisage
步调	（名）	bùdiào	pace
炮制	（动）	páozhì	to concoct
席位	（名）	xíwèi	seat
表决	（动）	biǎojué	to take a vote
微乎其微		wēi hū qí wēi	very little
乍	（副）	zhà	at first
令人费解		lìng rén fèijiě	hard to understand
用意	（名）	yòngyì	intension

执意	（动）	zhíyì	to insist on
合流	（动）	héliú	to collaborate
妥协	（动）	tuǒxié	to compromise
松绑		sōng bǎng	to unbind
何去何从		hé qù hé cóng	what course to follow
首脑	（名）	shǒunǎo	head
届时	（副）	jièshí	on the occasion
僵局	（名）	jiāngjú	deadlock
公约	（名）	gōngyuē	pact
另辟蹊径		lìng pì xī jìng	find another way to solve
攻势	（名）	gōngshì	offensive

词语练习

一 词语搭配：

A	B
考上研究生的希望	何去何从
毕业以后的方向不明	另辟蹊径
老师为什么做这个决定	令人费解
这个计划已被否决	微乎其微

二 请选择合适的词语填空：

1. 此前持续上涨的油价最近一周有回落的(势头/趋势)。
2. 我们不能仅凭一次偶然的行为就(否决/否定)整个人。
3. 他勇敢地迎着她(直视/正视)的目光。
4. 此次活动中,我们大家一定要保持(步伐/步调)一致。
5. 对这件事,她的态度非常(执意/坚决)。
6. 把你们写作文的(草案/草稿)也一并交上来吧。

三 请用下列词语填空：

暗示　炮制　通盘　乍　用意
妥协　松绑　僵局　阵营　合流　届时

1. 经过了长达数月,互不让步的(　　　)后,资方终于(　　　)了。
2. 字里行间都能看出她的(　　　)。
3. 为什么没有同意这个计划？我们要对全局进行(　　　)考虑。
4. 这种水果,(　　　)一吃感觉很难吃,吃惯了会觉得它很香。
5. 下放权力,就是给基层干部(　　　),放手让他们去做。
6. 他们正别有用心地(　　　)分裂方案。
7. 越来越多的人加入到我们的(　　　)里来。
8. 他多次(　　　)小丽,他已经有女朋友了。
9. 两条江在这里(　　　)了。
10. 两国经济高层论坛将在本月底举行,(　　　)两国首脑都将参加。

四 请模仿例句造句：

1. 鉴于原四国"争常"阵营发生分裂,本届联大又忙于落实各国有关联合国改革的现有共识，安理会扩大之争可能在短期内难以恢复到去年夏天的声势。

   你的句子：_____。

2. 在去年的"争常"交锋中,志在"入常"的尼日利亚和南非一直希望与"四国联盟"合作。

   你的句子：_____。

请合作查找资料,写出联合国所属全部机构的名称(全称和汉语简称)。

思考题

1. 你对中东问题有多少了解？
2. 你能说出最近的一条关于中东地区的新闻吗？

阅读 二

鲍威尔抵以重启中东和谈，外交斡旋升温

提示：注意新闻中经常使用的复杂长句
时间：11分钟

即将卸任的美国国务卿科林·鲍威尔21日晚抵达特拉维夫，准备分别和以色列及巴勒斯坦领导人进行会晤，旨在重新启动陷入停顿的中东和平进程。这是鲍威尔最近18个月来首次访问这一地区，也是自巴勒斯坦领导人阿拉法特去世后的首次中东之行，所以这次访问格外引人注目。

外交坚冰打破

"我会让每个谈话对象明白，布什总统现在决心推进中东和平进程，如今机会就在眼前。"鲍威尔在从智利首都圣地亚哥飞往特拉维夫的途中对随行记者说。鲍威尔说，自从巴勒斯坦领导人阿拉法特去世后，巴勒斯坦民众陷入了巨大的哀伤和悲痛之中，"我们非常同情他们，这也是我们能够推进中东和平进程的时候。"

根据行程安排，鲍威尔将首先和以色列总理沙龙和外长西尔万·沙洛姆举行会谈，然后前往西岸城市杰里科，和巴勒斯坦总理库赖及巴解组织执委会主席阿巴斯等巴新领导层进行会谈。

第八课

长期以来，美国政府一直将巴领导人阿拉法特视为阻挠中东和平进程的"绊脚石"，并拒绝和其进行接触。随着阿翁的病逝，美国政府和巴领导层之间的坚冰也随之被打破。

促成巴大选举行

鲍威尔说，他此次中东之行的一个重要目的就是设法促成明年1月9日巴勒斯坦民族权力机构主席的选举顺利进行。

"我们将要采取的一个重要步骤就是帮助巴勒斯坦人为明年1月9日的选举做好准备。"鲍威尔说。美国政府将鼓励以巴双方竭尽全力，确保选举的顺利进行，并使"尽可能多的巴勒斯坦人有机会参加这次选举"。

巴勒斯坦仅仅在1996年举行过一次大选。最近几年，虽然巴方几次酝酿举行选举，但是由于以色列军队仍然控制着巴勒斯坦领土，使得选举被迫一再取消。

巴勒斯坦总理库赖21日在会见到访的美国国务院负责近东事务的助理国务卿威廉姆·伯恩斯时指出，如果以色列军队不在选举前撤离控制的巴勒斯坦领土，将使巴民众认为新领导人是"凭借以色列的坦克才顺利当选"，必然将大大损害其形象和影响力。

此前，以政府在这个问题上一直无意做出让步。但是，在阿拉法特去世后，以色列政府的态度发生了变化。以色列外交部发言人马克·雷杰夫表示，以方正在考虑重新部署军队，为巴方面组织选举"开绿灯"。雷杰夫同时强调，巴新领导层已经同意帮助以色列打击恐怖分子。

建国日期难定

鲍威尔同时指出，他在这次访问中还将和以巴领导人讨论以色列在2005年底从加沙地区撤离的计划，以及巴方为确保分离计划的平稳实施应该在政治和安全领域进行的准备工作。

不过，对于巴勒斯坦能否在2005年实现独立建国，这位美国国务卿并未给予正面回答。

"显然，这个目标的实现需要进展和事件的推动。我们非常希望看见巴勒斯坦尽快实现建国,但是要设定一个期限非常困难。"

鲍威尔说,在2005年实现巴勒斯坦独立建国是在2002年设立的目标,但是现在的情况和当时已经不同。所以有关各方应该尽力推动巴勒斯坦的建国历程,而不是将2005年设立为建国的期限。

在结束对以色列和巴勒斯坦的访问后,鲍威尔将前往埃及出席有关伊拉克问题的国际会议,同时向参与中东和平"路线图"计划的欧盟、俄罗斯和美国通报和以巴领导人会谈的情况。

外交斡旋升温

阿拉法特去世后,美欧国家对中东和平的斡旋力度明显增加。继鲍威尔之后,英国外交大臣杰克·斯特劳、俄罗斯外交部长谢尔盖·拉夫罗夫和西班牙外交大臣米格尔·莫拉蒂诺斯将先后访问这一地区,进行外交斡旋。

而就在鲍威尔抵达之前,美国国务院负责近东事务的助理国务卿威廉姆·伯恩斯21日在约旦河西岸城市拉马拉与巴勒斯坦民族权力机构临时主席法图会谈,成为阿拉法特病逝后访问巴勒斯坦的第一位美国高级官员。

伯恩斯说,巴勒斯坦大选与以色列撤出加沙和约旦河西岸部分地区是执行"路线图"计划的重要步骤,美国将尽力提供帮助。

"我来这里就是为了表达美国对巴勒斯坦选举的强烈支持,"伯恩斯说,"我们决定竭尽所能地帮助选举顺利进行。我们同时支持以色列采取措施为选举创造机会。"

巴勒斯坦发言人拉迪纳会谈后也对媒体表示,巴方已向伯恩斯明确表示,以色列仅仅从加沙撤军远远不够,希望美国能更多地介入该地区冲突。

(选自《扬子晚报》2004年11月22日)

个人理解

1. 读完这篇文章,你对中东问题又有哪些新的了解?
2. 你认为这篇时事评论最大的写作特点是什么?

阅读理解

一、请快速阅读全文,找出关键句子,说明在阿拉法特逝世前后,美国、巴勒斯坦、以色列对中东和平进程的态度。

二、请根据课文内容回答问题:
1. 美国国务卿鲍威尔的中东之行的目的是什么?
2. 为什么鲍威尔说"这也是我们能够推进中东和平进程的时候"?
3. 请说明一下近几年巴勒斯坦大选情况。
4. 关于巴勒斯坦建国日期,鲍威尔是什么态度?
5. 请总结鲍威尔此次中东之行的几项重要议程。
6. 除了鲍威尔,还有哪些高层官员访问了巴勒斯坦?
7. 通过本篇文章,你认为巴以双方的争执焦点是什么?

三、请找出下列句子中的主语、谓语和宾语:
1. 鲍威尔在从智利首都圣地亚哥飞往特拉维夫的途中对随行记者说:……
2. 他此次中东之行的一个重要目的就是设法促成明年1月9日巴勒斯坦民族权力机构主席的选举顺利进行。
3. 巴勒斯坦总理库赖21日在会见到访的美国国务院负责近东事务的助理国务卿威廉姆·伯恩斯时指出:……
4. 巴方为确保分离计划的平稳实施应该在政治和安全领域进行准备工作。

重点词语

重启	（动）	chóngqǐ	to resume
斡旋	（动）	wòxuán	to mediate
卸任	（动）	xièrèn	to leave off one's post
抵达	（动）	dǐdá	to arrive
会晤	（动）	huìwù	to meet
停顿	（动）	tíngdùn	to stop
格外	（副）	géwài	especially
引人注目		yǐn rén zhùmù	catch sb's eyes
随行	（名）	suíxíng	entourage
阻挠	（动）	zǔnáo	to hinder
竭尽全力		jiéjìn quánlì	do one's best
撤离	（动）	chèlí	to withdraw
坦克	（名）	tǎnkè	tank
当选	（动）	dāngxuǎn	to elect
让步		ràng bù	to make a concession
部署	（动）	bùshǔ	to deploy
恐怖分子		kǒngbù fènzǐ	terrorist
实施	（动）	shíshī	implement
历程	（名）	lìchéng	course
步骤	（名）	bùzhòu	step
介入	（动）	jièrù	to intervene
冲突	（名）	chōngtū	conflict

 **词语练习**

一　请写出下列词语的反义词：
　　1. 卸任——　　　　　2. 停顿——
　　3. 撤离——　　　　　4. 让步——

二 请从课文中找出与下列下列词语搭配的动词：

1. (　　　) 坚冰　　2. (　　　) 进程
3. (　　　) 大选　　4. (　　　) 选举顺利进行
5. (　　　) 情况　　6. (　　　) 机会
7. (　　　) 会晤　　8. (　　　) 军队
9. (　　　) 冲突

三 请说明下列画线词语的意思：

1. 美国政府一直将巴领导人阿拉法特视为阻挠中东和平进程的"<u>绊脚石</u>"。

2. 以方正在考虑重新部署军队，为巴方面组织选举"<u>开绿灯</u>"。

四 请模仿例句造句：

1. ……分别和以色列及巴勒斯坦领导人进行会晤，<u>旨在</u>重新启动陷入停顿的中东和平进程。

　　你的句子：_____。

2. <u>继</u>鲍威尔<u>之后</u>，英国外交大臣杰克·斯特劳、俄罗斯外交部长谢尔盖·拉夫罗夫和西班牙外交大臣米格尔·莫拉蒂诺斯将先后访问这一地区，进行外交斡旋。

　　你的句子：_____。

请合作查找资料，分析并提交报告：巴以冲突的历史原因。

一 语段写作练习：

1. 请选择正确的连词填空。

   总之　其　倘若　包括　对于　但　又　此外　如此看来

   （　　）日本此次拒绝与上述三国采取统一步调的原因，（　　）外相麻生太郎在内的日方高官都解释得非常直白，（　　）要点就是要与美国合作，炮制一项能被美方接受，（　　）能获得广泛支持的安理会扩大方案。

   （　　），日本新方案可望在安理会扩大规模上满足美方坚持的"适度"原则。（　　）目前尚不清楚日方是否准备在新增常任席位数量上也接受美方提出的"两个左右"的原则。（　　）日本通盘接受美方要求，日本与巴、印、德将从昔日的"争常"盟友变成竞争对手。（　　），如何说服非洲国家接受新方案也是个难题。

   （　　），日本希望在美国与其他"争常"国家之间寻找平衡，（　　）难度不小。

2. 请阅读下面的短新闻，分析新闻报道的写作方法。

   新闻1：

   　　新华网北京2月23日电（记者 李星）　中国教育部和爱尔兰教育部23日在北京签署了互认高等教育学历学位证书的协议。

   　　据中国教育部官员介绍，协议的签订使中国本科毕业生申请去爱尔兰攻读硕士学位和博士学位的过程更加简便，回国后在爱尔兰所获学位将很快得到国内相关部门的认证。中国学生还将更便捷地获取有关爱尔兰教育体系及已获批准可申请就读的爱尔兰高等学府等相关信息。

   　　爱尔兰教育和科学部长玛丽·哈纳芬在和中国教育部长周济签署协议后表示，协议对于推进两国教育合作具有重要意义，她期待将来有更多中国学生前往爱尔兰求学。

   　　中爱两国教育合作近年来迅猛发展，目前已有约3000名中国留学生在爱尔兰高等学府学习。

新闻2:

新华网消息 当地时间23日晨,位于俄罗斯首都莫斯科市中心的鲍曼市场发生屋顶坍塌事件,造成至少21人死亡,24人受伤,此外还有多人被埋在废墟中。

据俄一家电台报道,覆盖2000平方米区域的屋顶将众多商摊砸在下面。莫斯科一名官员推测,废墟中可能还有数十人被困。

另据国际文传电讯社报道,这次事故可能是屋顶上积雪过厚造成的。俄紧急救援部门已派出50辆救护车赶往现场。据称这座市场设计于上世纪70年代,设计师与2004年发生屋顶坍塌的莫斯科德兰士瓦水上公园的设计者是同一人。那次事故总共造成28人死亡,100多人受伤。

新闻报道的写作方法包括:
_____

二 语篇写作练习:

自由写作:请就一条新闻写一篇800字左右的评论。

 相关链接 ▶▶▶▶

请登录 www.xinhuanet.com 和 www.people.com.cn 两个网站,阅读新闻。

从这一课你学到了什么?

1. _____
2. _____

综合练习（二）

第一部分　词语练习

一　请选择正确汉字：

摆(脱、托)　　　　　　　(截然、皆然)相反
(颁、领)发　　　　　　　空前(绝、决)后
奔(波、披)　　　　　　　(历、厉)程
解(剖、倍)　　　　　　　(列、例)外
冰(镇、震)　　　　　　　(溜、流)达
不(甚、什、慎)了了　　　(冒、昌)犯
采(纳、衲)　　　　　　　排(斥、斤)
(搀、馋)入　　　　　　　奇(特、持)
朝三(暮、幕)四　　　　　缺(陷、谄)
(崇、祟)高　　　　　　　(僧、憎)侣
(殆、待)尽　　　　　　　(摄、蹑)入
倒(塌、踏)　　　　　　　市(剑、侩)
繁(演、衍)　　　　　　　束(搏、缚)
范(畴、筹)　　　　　　　谈笑风(声、生)
纷至(沓、叠)来　　　　　(徙、徒)劳
光(茫、芒)　　　　　　　(冶、治)金
(慌慌、惶惶)不可终日　　诱(惑、感)
混(淆、肴)　　　　　　　(郁郁、煜煜)寡欢
假(悻悻、惺惺)　　　　　(充、允)诺
(皎皎、佼佼)者　　　　　召(焕、唤)

二　请区分下列成语，然后完成表格：

不足为奇　朝三暮四　称心如意　诚心诚意　纷至沓来　顾此失彼
尽善尽美　空前绝后　理所当然　茫然失措　名不虚传　难以置信

潜移默化　三言两语　素昧平生　昙花一现　谈笑风生　微不足道
误入歧途　雄心勃勃　指点迷津　助人为乐　自私自利　自相矛盾

褒义词	
贬义词	
中性词	

三 词语搭配：

A	B
自觉	殆尽
主宰	空虚
败坏	主权
剥夺	明快
采纳	艺术
消失	损失
复兴	否定
干预	赋税
过滤	选择
焕发	精神
借鉴	名誉
精神	融合
弥补	自由
节奏	内政
免除	命运
全盘	遵守
民族	意见
丧失	信息
随机	经验
压抑	情绪

四 请说明下列词语在不同句子中的意思：

1. 请把水中的杂质过滤掉。
   他们的工作就是把无用的信息过滤掉。

2. 两剑交锋，发出刺耳的声音。
   两支军队终于正面交锋了。

3. 他已经潜伏在这里很久了。
   这种传染病的潜伏期是2～7天。

4. 雨水渗透进了货物里。
   怎样把这个消息渗透给他们？

5. 年轻的皮肤富有弹性。
   我们公司是弹性工作时间。

6. 我的信用卡是可以透支50000块钱的。
   这个队员体力透支太多，所以比赛失败了。

7. 天空中布满阴霾。
   大战前夕，阴霾密布。

8. 孩子们像出笼的小鸟一样飞奔而去。
   这个歌手的新专辑出笼了。

9. 这里有高压电线，请绕行。
   在高压政策下，人们似乎变得更驯服了。

10. 此种药的效力很长久。
    在国外打拼多年后，他终于回国效力了。

第二部分 阅读写作练习

植物的欲望

　　植物也有欲望并借此引诱了我们？信不信由你。我们列举4种植物作为展开对象,它们是苹果、郁金香、大麻和土豆,正好分属水果、花卉、药品和食粮。

　　苹果的祖先据说生长于哈萨克斯坦地区。野生的苹果个头、颜色各异,但有一个共同特性:味道奇酸。我们知道,所有两性生殖的后代都存在着变异,但在苹果身上这种特性却发挥到了极致,以致用种子繁育的苹果,后代总是存在着相当大的差异,故直至中国人发明嫁接技术(一种无性繁殖方式),苹果的驯化才有可能。苹果的辉煌时代起步于美国。欧洲移民在他们远渡重洋的方舟上带上了苹果种子。苹果受到新教徒的青睐,一个原因就是葡萄酒曾败坏了天主教的风气,《旧约》警告要防止葡萄的诱惑。但《圣经》对于苹果却没说过任何坏话,新教徒可以放心地痛饮苹果酒而没有任何心理负担。苹果获得了神学上的豁免权。然而,十九、二十世纪之交在美国发起的禁酒运动竟使苹果也难逃厄运。美国人不得不开始吃苹果而不是喝苹果。多亏苹果的遗传多样性,一种糖分更多的苹果被筛选出来。不过今天的苹果依旧保留了那么一点野生习性:甜中带酸的苹果味道更好。写到这里,我不由得想起了新教改革家路德的一首小诗:即使世界明天就要毁灭,我今天依然要种上一棵苹果树。苹果是生命和希望的象征。

　　郁金香是美的象征,但却不幸成为商品社会中投机行为的牺牲品。1635年,在荷兰,某种郁金香的鳞茎,价钱竟然高达1800盾!抛开其商业炒作这一面不说,一个素以节俭吝啬而著称的民族为何在这种美丽的诱惑面前失去了起码的理智?这也许与基督教的禁欲主义有关。伊甸园没有花,因为美会使人乱性。当郁金香首次抵达欧洲时,人们为它裹上了一层功利色彩。德国人把郁金香的鳞茎煮熟,加上糖,还装模作样地说味道好极了。英国人则加上油和醋来烹调它。药剂师把它作为一种治疗肠胃气胀的药物。但郁金香就是郁金香,除了美它什么也没有。不过它的花品却独树一帜。郁金香不具有芬芳扑鼻的香味,它的花瓣朝内卷,使其生殖器官含而不露。正是这种"冷美人"的气质投合了荷兰人的心意。他们爱美,但又不愿让美撩拨了心弦。可见无论受到何种文化环境的塑造,人们爱美的天性总是难以泯灭。不过有一个例外,据说花从不出现在非洲人的日常习俗中。对此有两种解释。一说花作为一种奢侈品,贫穷的非洲人消费不起;另一说为非洲的植物区系中没有提供很多种花,至少是没有很多观赏品种的花。我倒宁可相信后面一说。因为据进化心理学的解释,人们之所以普遍为花美而陶醉,乃在于开花是对日后果实的一种可靠预告。可见爱美本是一种生物学意义上的习性,只是人类的文化才使对美的欣赏发挥到了极致。

  大麻与人类的关系有些诡秘。它最早被中国人所驯化,主要是因其纤维的长度和韧性,故大麻(Hemp)是人类造纸和织布的主要原料。但大麻(Cannabis)还因一种神奇的特性而使人类为之神魂颠倒,那就是它的药用,尤其是致幻价值。现已证实,大麻中含有一种化合物:四氢大麻酚。这种物质对大麻自身有保护作用。但不可思议的却是,它同样存在于人的大脑中,其作用是开启某个神经网络,致使人类的意识发生变形,更直接地说,就是导致快感的产生。生活时时伴有痛苦,大脑适度产生的快感本是造化赋予生命的珍贵礼物。快感的本质是什么?说来简单,那就是遗忘。遗忘使我们进入一个全新的世界,由熟悉而致的麻木,由记忆而生的痛苦,全都烟消云散,我们的感觉格外地敏锐了,对食物、音乐、性等习常之物的品味因此而获得全新的体验。生活中,我们总是看重记忆的价值,殊不知,遗忘才是快乐之源。在此意义上,好了伤疤忘了疼倒是一种福分,一个饱经沧桑的人无幸福可言。在致幻剂的作用下,时间消失了,我们只求瞬间拥有,责任、道德自然也就不存在。文明不允许这种失控的存在。故人类的文化总是要压抑这种欲望,并为此设立各种禁忌。大麻的命运是象征性的,它的双重功能——实用与致幻,致使人类对它爱恨交加。其实这也正是人性的两重性的反映。可惜我们常常忘记这一点。

  至于土豆,这种原产于美洲的不起眼的地下块茎,它朴实无华,绝不主动挑逗人类的欲望,却与人类的生存息息相关。自从16世纪末被引入欧洲之后,它首先成为爱尔兰人的主食。19世纪中叶的一场马铃薯枯萎病,使100万爱尔兰人丧生。正因为土豆满足了人类的基本生存需要,故人类对它的控制欲望就表现得最为强烈。如今基因工程技术已引入土豆品种的改良之中并获得专利。种植天然种子的时代已经过去。农业已被纳入工业文明的体系之中。

阅读练习

一 请根据阅读课文内容完成下列表格:

	最早起源	食用/使用历史	作用/象征
苹果		中国: 美国新教徒: 美国禁酒过程中:	
郁金香		荷兰人: 英国人: 德国人: 药剂师:	
大麻			
土豆		欧洲(爱尔兰): 当今:	

二 请根据文章内容填写连词:

1. 所有两性生殖的后代都存在着变异,(　　)在苹果身上这种特性(　　)发挥到了极致,(　　)用种子繁育的苹果的后代总是存在着相当大的差异,(　　)(　　)中国人发明嫁接技术,苹果的驯化(　　)成为可能。

2. 他们爱美,(　　)又不愿让美撩拨了心弦。(　　)(　　)受到何种文化环境的塑造,人们爱美的天性难以泯灭。(　　)有一个例外,据说花从不出现在非洲人的日常习俗中。(　　)有两种解释。

请写一篇 800 字以内的议论文：
题目：国花与民族

 第三部分　反思学习

一　对照目标总结上一阶段的学习：

认识上的改变	实际上的进步	面对的困难	克服困难的方法

二　新的目标：

1. _____

2. _____

3. _____

部分练习参考答案

第一课

阅读一

阅读理解

三、1. √ 2. √ 3. × 4. × 5. √ 6. × 7. √ 8. √

四、1. a 2. c 3. d 4. c 5. a

词语练习

一、1. 向往　　2. 沉湎　　3. 消遣　　4. 底细　　5. 煎熬

二、1. 手不释卷　2. 汗牛充栋　3. 无牵无挂　4. 面目可憎
　　5. 行尸走肉　6. 正襟危坐　7. 借花献佛

阅读二

阅读理解

四、1. b 2. c 3. d 4. a 5. b 6. d 7. a

词语练习

一、1. 人头攒动　2. 郁郁寡欢　3. 功成名就　4. 富丽堂皇
　　5. 生机勃勃　6. 义无反顾　7. 怜香惜玉

二、1. 虚荣　2. 流失　3. 扬言　4. 批评　5. 捷径　6. 仰慕

第二课

阅读一

阅读理解

一、1. ×　2. √　3. ×　4. ×　5. √　6. √　7. √　8. √　9. √

三、1. c　2. b　3. d　4. d　5. d

词语练习

一、1. 启发　2. 虚假　3. 打趣　4. 鉴赏　5. 潜藏
　　6. 覆盖　7. 延长　8. 跨度　9. 发掘

二、1. 深省　　2. 出入　　3. 缩影　　4. 造就　　5. 盛况
　　6. 雅俗共赏　7. 异口同声　8. 长盛不衰

阅读二

阅读理解

二、1. ×　2. √　3. √　4. √　5. ×　6. ×　7. √

四、1. b　2. a　3. a　4. c　5. d　6. c

词语练习

一、1. 平庸　2. 无聊　3. 偏执　4. 凶悍　5. 想象　6. 头绪

二、原始社会——茹毛饮血　　　　诸葛亮——锦囊妙计
　　教育事业——欣欣向荣　　　　压力——不堪重负
　　竞争原则——优胜劣汰　　　　初恋——念念不忘
　　海啸地震——灭顶之灾

第三课

阅读一

阅读理解

四、1. c　2. b　3. d　4. a　5. a

部分练习参考答案

词语练习

一、1. 回味　2. 机智　3. 世故　4. 开展　5. 永远　6. 命运　7. 熟练　8. 交织

二、1. 如释重负　2. 离乡背井　3. 尘埃落定　4. 淋漓尽致
　　5. 各有所属　6. 顺理成章　7. 不约而同　8. 蓦然回首

四、娴熟的技艺　不懈地努力　恪守原则　演绎爱情　拓展市场

阅读二

阅读理解

一、1. ×　2. ×　3. √　4. √　5. ×　6. √　7. √　8. √　9. √　10. √

词语练习

一、晦涩的语言　　　　无序的状态　　　寄托感情　　　凌乱的房间
　　消磨时光　　　　　混沌的天空　　　消耗殆尽

三、1. 虚无缥缈　　　　2. 豪言壮语　　　3. 骇人听闻
　　4. 惨不忍睹 暗无天日　5. 非同凡响　　6. 惊天动地

第四课

阅读一

阅读理解

四、1. 它们成为支柱
　　2. 我们看实质以及特性
　　3. 面对世界

词语练习

三、1. 在望　2. 放纵　3. 开辟　4. 殊荣　5. 厚待　6. 崩溃　7. 转折
　　8. 相辅相成　9. 自得其乐　10. 朝气蓬勃　11. 豁然开朗　12. 一事无成

阅读二

词语练习

一、1. 尖子　2. 逼仄　3. 蚕食　4. 偌大　5. 人上人　6. 残羹剩饭
二、1. 颇费周折　2. 一应俱全　3. 堂堂　4. 切切实实　5. 犀利
　　6. 扬眉吐气　7. 大错特错　8. 保养　9. 狂揽　10. 放逐

综合练习(一)

第一部分

一、摆(布)　　　　　　　(孜孜)以求
　　(爆)发　　　　　　　亏(损)
　　卑躬(屈)膝　　　　　(匮)乏
　　变本加(厉)　　　　　连篇累(牍)
　　(秉)性　　　　　　　旁门(左)道
　　(查)封　　　　　　　签(署)
　　出(笼)　　　　　　　勤(俭)
　　(兑)现　　　　　　　(融)合
　　赋(予)　　　　　　　如火如(荼)
　　干(预)　　　　　　　深(谙)
　　管(制)　　　　　　　受(惠)
　　过(犹)不及　　　　　(溯)源
　　浩(劫)　　　　　　　土(著)
　　积(淀)　　　　　　　悉随尊(便)
　　交(锋)　　　　　　　狭(隘)
　　焦头(烂)额　　　　　蓄谋(已)久
　　劫富(济)贫　　　　　(驯)服
　　(截)然相反　　　　　(渔)翁得利
　　(津津)乐道　　　　　(赢)利
　　精(髓)　　　　　　　(源)远流长
　　(禀)白　　　　　　　主(旨)
　　可见一(斑)　　　　　左(倾)

二、褒义词：家喻户晓　津津乐道　如火如荼　喜闻乐见　源远流长　耳熟能详
　　贬义词：卑躬屈膝　变本加厉　冠冕堂皇　虎视眈眈　连篇累牍　令人发指
　　　　　　旁门左道　颐指气使　过犹不及　焦头烂额　信誓旦旦
　　中性词：不甚了了　纷至沓来　截然相反　尽人皆知　约定俗成

三、1. 颁发奖章　　2. 爆发战争　　3. 查封财产　　4. 阐述理由
　　5. 出让房屋　　6. 动摇决心　　7. 露出端倪　　8. 辅佐君主
　　9. 赋予荣誉　　10. 高调出场　11. 经济滑坡　12. 回避问题

13. 积压货物　　14. 物资匮乏　　15. 滥用权力　　16. 谋取暴利

17. 纳入规范　　18. 施加影响　　19. 振兴国家　　20. 遵循规则

第五课

阅读一

阅读理解

四、1. √　2. ×　3. √　4. ×　5. √　6. ×　7. √　8. √

词语练习

一、1. 感动　2. 见识　3. 耕种　4. 形式　5. 改良

二、内隐——外显　兴——废　抽象——具体　广义——狭义　模糊——明确

阅读二

阅读理解

七、1. c　2. a　3. b　4. d　5. c

词语练习

一、1. 柔——刚　　　　2. 间接——直接　　　3. 理性——感性
　　4. 肤浅——深刻　　5. 局部——全部　　　6. 微观——宏观

二、铸就长城　奠定基础　熏陶性格　肤浅的理论　缜密的思维

三、1. 联想　2. 训斥　3. 充斥　4. 细密　5. 荒凉　6. 羡慕　7. 停滞　8. 简洁

四、1. 以柔克刚　2. 审时度势　3. 含糊不清　4. 寥寥数语

第六课

阅读一

词语练习

二、1. 取而代之　2. 井井有条　3. 迥然不同　4. 旷日持久　5. 文过饰非
　　6. 叹为观止　7. 滔滔不绝　8. 大打折扣　9. 大为逊色　10. 谆谆教诲
　　11. 孜孜追求　12. 美不胜收　13. 文质彬彬　14. 元气大伤　15. 夸夸其谈

阅读二

词语练习

一、1. 解体 2. 追忆 3. 向往 4. 荒凉 5. 鲜明 6. 渊源 7. 耽迷 8. 崇尚

第七课

阅读一

阅读理解

三、1. × 2. √ 3. √ 4. × 5. √ 6. √ 7. × 8. ×

词语练习

二、1. 巨大 2. 硕大
　　3. 至少 4. 起码
　　5. 反响 6. 反应 7. 反映

三、奄奄一息——死亡　皮包骨头——饥饿　归根到底——总结

阅读二

阅读理解

四、1. √ 2. √ 3. × 4. × 5. √ 6. √ 7. × 8. √ 9. √ 10. ×

五、1. a 2. c 3. b 4. d

词语练习

二、1. 重要　　2. 鼓动　　3. 制约　　4. 限制　　5. 伤害

四、1. 铿锵有力 2. 不计其数 3. 兴师问罪
　　4. 以权谋私 5. 义正辞严 6. 慷慨陈词

第八课

阅读一

词语练习

一、考上研究生的希望——微乎其微
　　毕业以后的方向不明——何去何从
　　老师为什么做这个决定——令人费解
　　这个计划已被否决——另辟蹊径

二、1. 趋势　2. 否定　3. 直视　4. 步调　5. 坚决　6. 草稿

三、1. 僵局 妥协　2. 用意　3. 通盘　4. 乍　5. 松绑
　　6. 炮制　7. 阵营　8. 暗示　9. 合流　10. 届时

阅读二

阅读理解

三、1. 鲍威尔说　　　　　　　　2. 目的是促成选举进行
　　3. 巴方应该进行工作　　　　4. 总理库赖指出

词语练习

一、1. 卸任——上任　2. 停顿——前进　3. 撤离——进攻　4. 让步——坚持

二、1.(打破)坚冰　2.(推进)进程　3.(举行)大选　4.(促成)选举顺利进行
　　5.(通报)情况　6.(创造)机会　7.(进行)会晤　8.(部署)军队
　　9.(介入)冲突

综合练习（二）

第一部分

一、摆(脱)　　　　　　(截然)相反
　　(颁)发　　　　　　空前(绝)后
　　奔(波)　　　　　　(历)程
　　解(剖)　　　　　　(例)外
　　冰(镇)　　　　　　(溜)达

不(甚)了了　　　　　(冒)犯
采(纳)　　　　　　　排(斥)
(搀)入　　　　　　　奇(特)
朝三(暮)四　　　　　缺(陷)
(崇)高　　　　　　　(僧)侣
(殆)尽　　　　　　　(摄)入
倒(塌)　　　　　　　市(侩)
繁(衍)　　　　　　　束(缚)
范(畴)　　　　　　　谈笑风(生)
纷至(沓)来　　　　　(徒)劳
光(芒)　　　　　　　(冶)金
(惶惶)不可终日　　　诱(惑)
混(淆)　　　　　　　(郁郁)寡欢
假(惺惺)　　　　　　(允)诺
(佼佼)者　　　　　　召(唤)

二、褒义词：称心如意　诚心诚意　尽善尽美　名不虚传　谈笑风生
　　　　　　雄心勃勃　助人为乐　指点迷津
　　贬义词：朝三暮四　顾此失彼　昙花一现　误入歧途　自私自利
　　　　　　自相矛盾
　　中性词：不足为奇　纷至沓来　空前绝后　理所当然　茫然失措
　　　　　　难以置信　潜移默化　三言两语　素昧平生　微不足道

三、1. 自觉遵守　　　2. 主宰命运　　　3. 败坏名誉　　　4. 剥夺自由
　　5. 采纳意见　　　6. 消失殆尽　　　7. 复兴艺术　　　8. 干预内政
　　9. 过滤信息　　　10. 焕发精神　　11. 借鉴经验　　12. 精神空虚
　　13. 弥补损失　　14. 节奏明快　　15. 免除赋税　　16. 全盘否定
　　17. 民族融合　　18. 丧失主权　　19. 随机选择　　20. 压抑情绪

词语总表

A

| 暗示 | ànshì | 8—1 |
| 暗无天日 | àn wú tiān rì | 3—2 |

B

版权	bǎnquán	2—1
包罗万象	bāoluó wànxiàng	5—1
保养	bǎoyǎng	4—2
奔放	bēnfàng	6—1
崩溃	bēngkuì	4—1
逼仄	bīzè	4—2
辩护	biànhù	7—2
辨梢	biànshāo	3—1
表决	biǎojué	8—1
表征	biǎozhēng	1—2
剥夺	bōduó	7—2
捕捉	bǔzhuō	5—2
不计其数	bù jì qí shù	7—2
不绝于耳	bù jué yú ěr	7—1
不堪重负	bù kān zhòng fù	2—2
不懈	bùxiè	3—1
不约而同	bù yuē ér tóng	3—1
步调	bùdiào	8—1
步骤	bùzhòu	8—2
部署	bùshǔ	8—2

C

裁决	cáijué	7—2
残羹剩饭	cán gēng shèng fàn	4—2
蚕食	cánshí	4—2
惨不忍睹	cǎn bù rěn dǔ	3—2
沧桑	cāngsāng	3—1
草案	cǎo'àn	8—1
产物	chǎnwù	5—1
长盛不衰	cháng shèng bù shuāi	2—1
超脱	chāotuō	3—2
超逸	chāoyì	5—2
撤离	chèlí	8—2
尘埃落定	chén'āi luò dìng	3—1
沉甸甸	chéndiāndiān	4—1
沉湎	chénmiǎn	1—1
乘兴而行	chéng xìng ér xíng	1—1
痴情	chīqíng	1—2
冲突	chōngtū	8—2
充斥	chōngcì	5—2
憧憬	chōngjǐng	6—1
(崇)尚	(chóng) shàng	6—2
重启	chóng qǐ	8—2
重修旧好	chóng xiū jiù hǎo	1—2
惆怅	chóuchàng	1—2
出入	chūrù	2—1
触角	chùjiǎo	3—1
创刊号	chuàngkān hào	7—2
璀璨	cuǐcàn	6—1

D

| 打趣 | dǎqù | 2—1 |
| 大错特错 | dà cuò tè cuò | 4—2 |

大打折扣	dà dǎ zhékòu	6—1
大为逊色	dà wéi xùnsè	6—1
殆尽	dàijìn	3—2
耽迷	dānmí	6—2
淡泊	dànbó	6—1
当选	dāngxuǎn	8—2
底色	dǐsè	1—1
底细	dǐxì	1—1
底线	dǐxiàn	7—1
抵达	dǐdá	8—2
地域	dìyù	2—1
典章	diǎnzhāng	5—1
奠定	diàndìng	5—2
凋谢	diāoxiè	4—1
动荡	dòngdàng	7—2
敦厚	dūnhòu	2—2
堕落	duòluò	6—2

F

发掘	fājué	2—1
乏味	fáwèi	1—2
翻版	fānbǎn	6—2
反响	fǎnxiǎng	7—1
放达	fàngdá	5—2
放逐	fàngzhú	4—2
放纵	fàngzòng	4—1
非同凡响	fēi tóng fán xiǎng	3—2
肥沃	féiwò	5—1
丰收	fēngshōu	7—1
否决	fǒujué	8—1
肤浅	fūqiǎn	5—2
浮华	fúhuá	6—2
福利	fúlì	4—2
付诸	fùzhū	7—2

富丽堂皇	fùlì tángháung	1—2
覆盖	fùgài	2—1

G

改良	gǎiliáng	5—1
感化	gǎnhuà	5—1
感喟	gǎnkuì	3—1
格外	géwài	8—2
各有所属	gè yǒu suǒ shǔ	3—1
耕耘	gēngyún	5—1
公约	gōngyuē	8—1
功成名就	gōng chéng míng jiù	1—2
功利主义	gōnglì zhǔyì	4—1
攻势	gōngshì	8—1
共鸣	gòngmíng	3—1
勾销	gōuxiāo	2—2
鼓吹	gǔchuī	1—2
官司	guānsi	7—2
广义	guǎngyì	5—1
归根到底	guī gēn dào dǐ	7—1
桂冠	guìguān	2—2
国粹	guócuì	5—2

H

骇人听闻	hài rén tīng wén	3—2
含苞怒放	hán bāo nù fàng	4—1
含糊不清	hánhú bù qīng	5—2
汗牛充栋	hàn niú chōng dòng	1—1
豪言壮语	háo yán zhuàng yǔ	3—2
合流	héliú	8—1
何去何从	hé qù hé cóng	8—1
黑哨	hēishào	4—2
厚待	hòudài	4—1

幻象	huànxiàng	3—2
荒芜	huāngwú	5—2
回味	huíwèi	3—1
会晤	huìwù	8—2
晦涩	huìsè	3—2
混沌	hùndùn	3—2
豁然开朗	huòrán kāilǎng	4—1

J

讥笑	jīxiào	1—1
饥饿	jī'è	7—1
机智	jīzhì	3—1
极致	jízhì	3—1
寄托	jìtuō	3—2
寄予	jìyǔ	7—1
祭	jì	4—1
尖锐	jiānruì	7—1
尖子	jiānzi	4—2
煎熬	jiān'áo	1—1
简陋	jiǎnlòu	1—2
见地	jiàndì	5—1
鉴赏	jiànshǎng	2—1
僵局	jiāngjú	8—1
交织	jiāozhī	3—1
劫难	jiénán	4—1
捷径	jiéjìng	1—2
竭尽全力	jiéjìn quánlì	8—2
解剖	jiěpōu	5—2
解体	jiětǐ	6—2
介入	jièrù	8—2
届时	jièshí	8—1
借花献佛	jiè huā xiàn fó	1—1
锦囊妙计	jǐn náng miào jì	2—2
惊天动地	jīng tiān dòng dì	3—2

井井有条	jǐngjǐng yǒu tiáo	6—1
迥然不同	jiǒngrán bùtóng	6—1
救济	jiùjì	7—1
拘捕	jūbǔ	7—2
诀窍	juéqiào	1—1
崛起	juéqǐ	6—1
军国主义	jūnguó zhǔyì	4—1

K

开辟	kāipì	4—1
慷慨陈词	kāngkǎi chéncí	7—2
恪守	kèshǒu	3—1
铿锵有力	kēngqiāng yǒulì	7—2
恐怖分子	kǒngbù fènzǐ	8—2
夸夸其谈	kuākuā qí tán	6—1
跨度	kuàdù	2—1
狂轰滥炸	kuáng hōng làn zhà	3—1
狂揽	kuánglǎn	4—2
旷日持久	kuàng rì chíjiǔ	6—1
旷世	kuàngshì	2—2

L

赖以	làiyǐ	7—1
懒惰	lǎnduò	1—1
滥觞	lànshāng	6—1
烙印	làoyìn	6—2
离乡背井	lí xiāng bèi jǐng	3—1
理性	lǐxìng	5—2
历程	lìchéng	8—2
连载	liánzǎi	2—1
怜香惜玉	lián xiāng xī yù	1—2
寥寥数语	liáoliáo shù yǔ	5—2
凌乱	língluàn	3—2

令人费解	lìng rén fèijiě	8—1
令人目眩	lìng rén mù xuàn	6—2
另辟蹊径	lìngpì-qījìng	8—1
流逝	liúshì	1—2
鲁莽	lǔmǎng	4—1
履行	lǚxíng	7—1
绿茵	lǜyīn	4—2

M

蛮荒	mánhuāng	6—2
谩骂	mànmà	7—2
美不胜收	měi bù shèng shōu	6—1
迷茫	mímáng	3—2
迷失	míshī	3—2
谜底	mídǐ	2—1
面目可憎	miànmù kě zēng	1—1
灭顶之灾	mièdǐng zhī zāi	2—2
模式	móshì	5—1
摩擦	mócā	7—2
蓦然回首	mòrán huíshǒu	3—1

N

纳税	nà shuì	4—2
南非	Nánfēi	7—1
难以自拔	nányǐ zì bá	1—2
逆差	nìchā	2—2
念念不忘	niànniàn bù wàng	2—2

P

彷徨	pánghuáng	3—1
炮制	páozhì	8—1
皮包骨头	pí bāo gǔtou	7—1
偏执	piānzhí	2—2

频仍	pínréng	6—1
平庸	píngyōng	2—2
颇费周折	pō fèi zhōuzhé	4—2
破晓	pòxiǎo	4—1
普利策新闻奖	Pǔlìcè xīnwén jiǎng	7—1

Q

栖身之所	qīshēn zhī suǒ	3—1
凄惨	qīcǎn	1—2
凄美	qīměi	1—2
启迪	qǐdí	2—1
起码	qǐmǎ	7—1
虔诚	qiánchéng	6—1
潜藏	qiáncáng	2—1
切切实实	qièqiè shíshí	4—2
勤勉	qínmiǎn	6—1
取而代之	qǔ ér dài zhī	6—1
权威	quánwēi	7—1

R

让步	ràng bù	8—2
人上人	rén shàng rén	4—2
人头攒动	réntóu cuándòng	1—2
熔铸	róngzhù	5—1
如释重负	rú shì zhòng fù	3—1
茹毛饮血	rú máo yǐn xuè	2—2
偌大	ruòdà	4—2
弱肉强食	ruò ròu qiáng shí	2—2

S

| 杀戮 | shālù | 2—2 |
| 煽动 | shāndòng | 7—2 |

上进	shàngjìn	1—1
涉猎	shèliè	6—1
深省	shēnxǐng	2—1
审慎	shěnshèn	6—2
审时度势	shěn shí duó shì	5—2
升华	shēnghuá	6—2
生机勃勃	shēngjī bóbó	1—2
声势	shēngshì	8—1
盛况	shèngkuàng	2—1
实施	shíshī	8—1
世故	shìgù	3—1
势头	shìtóu	8—1
手不释卷	shǒu bù shì juàn	1—1
首脑	shǒunǎo	8—1
殊荣	shūróng	4—1
数落	shǔluò	1—2
术语	shùyǔ	5—1
衰颓	shuāituí	6—1
水泄不通	shuǐ xiè bù tōng	2—2
顺理成章	shùn lǐ chéng zhāng	3—1
硕大	shuòdà	7—1
厮杀	sīshā	2—2
松绑	sōng bǎng	8—1
苏丹	Sūdān	7—1
俗气	súqi	1—1
宿命	sùmìng	3—1
随行	suíxíng	8—2
缩影	suōyǐng	2—1

T

胎儿	tāi'ér	5—2
贪婪	tānlán	7—1
坦克	tǎnkè	8—2
叹为观止	tàn wéi guān zhǐ	6—1

堂堂	tángtáng	4—2
滔滔不绝	tāotāo bù jué	6—1
天敌	tiāndí	4—1
停顿	tíngdùn	8—2
停滞	tíngzhì	5—2
头绪	tóuxù	2—2
秃鹰	tūyīng	7—1
妥协	tuǒxié	8—1
拓展	tuòzhǎn	3—1

W

玩赏	wánshǎng	1—1
微乎其微	wēi hū qí wēi	8—1
维系	wéixì	7—1
尾气	wěiqì	4—2
慰藉	wèijiè	3—1
温床	wēnchuáng	3—2
文过饰非	wén guò shì fēi	6—1
文质彬彬	wénzhì bīnbīn	6—1
斡旋	wòxuán	8—2
乌托邦	Wūtuōbāng	4—1
无耻	wúchǐ	7—2
无牵无挂	wú qiān wú guà	1—1
无序	wúxù	3—1
物业	wùyè	4—2

X

牺牲品	xīshēngpǐn	4—1
犀利	xīlì	4—2
席位	xíwèi	8—1
狭义	xiáyì	5—1
遐想	xiáxiǎng	5—2
鲜明	xiānmíng	6—2

娴熟	xiánshú	3—1	扬眉吐气	yáng méi tǔ qì	4—2
显要	xiǎnyào	7—2	扬言	yángyán	1—2
陷溺	xiànnì	1—2	仰慕	yǎngmù	1—2
相辅相成	xiāng fǔ xiāng chéng	4—1	业主	yèzhǔ	4—2
向往	xiàngwǎng	1—1	一帆风顺	yī fān fēng shùn	7—2
消磨	xiāomó	3—2	一颦一笑	yī pín yī xiào	1—2
消遣	xiāoqiǎn	1—1	一事无成	yī shì wú chéng	4—1
歇斯底里	xiēsīdǐlǐ	3—2	一氧化碳	yīyǎnghuàtàn	7—1
卸任	xièrèn	8—2	一应俱全	yī yīng jù quán	4—2
欣欣向荣	xīnxīn xiàng róng	2—2	以权谋私	yǐ quán móu sī	7—2
信徒	xìntú	4—1	以柔克刚	yǐ róu kè gāng	5—2
兴师问罪	xīng shī wèn zuì	7—2	义无反顾	yì wú fǎn gù	1—2
兴尽而返	xìng jìn ér fǎn	1—1	义正辞严	yì zhèng cí yán	7—2
行尸走肉	xíng shī zǒu ròu	1—1	异口同声	yì kǒu tóng shēng	2—1
凶悍	xiōnghàn	2—2	抑制	yìzhì	3—2
虚荣	xūróng	1—2	臆造	yìzào	2—2
虚伪	xūwěi	2—1	阴谋诡计	yīnmóu guǐjì	2—1
虚无缥缈	xū wú piāomiǎo	3—2	引人注目	yǐn rén zhùmù	8—2
宣谕	xuānyù	2—2	英才辈出	yīngcái bèi chū	6—2
绚丽	xuànlì	4—1	萦绕	yíngrào	4—1
血腥	xuèxīng	2—2	永恒	yǒnghéng	3—1
血缘	xuèyuán	6—2	用意	yòngyì	8—1
熏陶	xūntáo	5—2	优胜劣汰	yōu shèng liè tài	2—2
训诫	xùnjiè	5—2	忧患	yōuhuàn	1—1
			与日俱增	yǔ rì jù zēng	7—2
			郁郁寡欢	yùyù guǎhuān	1—2
Y			寓言	yùyán	5—2
雅俗共赏	yǎ sú gòng shǎng	2—1	愈久弥坚	yù jiǔ mí jiān	6—2
延伸	yánshēn	2—1	渊源	yuānyuán	6—2
严以待己	yán yǐ dài jǐ	6—1	元气大伤	yuánqì dà shāng	6—1
奄奄一息	yǎnyǎn yī xī	7—1	约翰内斯堡	Yuēhànnèisībǎo	7—1
演进	yǎnjìn	5—1	酝酿	yùnniàng	7—2
演绎	yǎnyì	3—1	韵味	yùnwèi	1—1
艳羡	yànxiàn	5—2			

Z

栽培	zāipéi	5—1
在望	zàiwàng	4—1
造就	zàojiù	2—1
乍	zhà	8—1
战乱	zhànluàn	7—1
朝气蓬勃	zhāoqì péngbó	4—1
肇兴	zhàoxīng	6—2
缜密	zhěnmì	5—2
阵营	zhènyíng	8—2
挣扎	zhēngzhá	3—1
正襟危坐	zhèng jīn wēi zuò	1—1
正视	zhèngshì	8—1
支柱	zhīzhù	3—2
执意	zhíyì	8—1
执著	zhízhuó	3—2
直觉	zhíjué	5—2
指控	zhǐkòng	7—2
指向	zhǐxiàng	7—1
志趣	zhìqù	1—1
制衡	zhìhéng	7—2
制约	zhìyuē	7—2
质朴	zhìpǔ	6—1
致命	zhìmìng	4—1
中伤	zhòngshāng	7—2
注释	zhùshì	5—1
著述	zhùshù	1—1
铸就	zhùjiù	5—2
专制	zhuānzhì	4—1
转折	zhuǎnzhé	4—1
追溯	zhuīsù	6—2
谆谆教诲	zhūnzhūn jiàohuì	6—1
拙劣	zhuōliè	4—1
孜孜追求	zīzī zhuīqiú	6—1
自得其乐	zì dé qí lè	4—1
自我解嘲	zìwǒ jiěcháo	6—2
自诩	zìxǔ	6—2
自娱	zìyú	4—2
阻挠	zǔnáo	8—2